割安成長株で勝つ
エナフン流バイ&ホールド

「エナフンさんの梨の木」筆者
会社員投資家
奥山月仁

日経BP

はじめに

私は米国の伝説のファンドマネージャー、ピーター・リンチの本を教科書的に利用して、長期投資を実践している。リンチは、米資産運用会社フィデリティの旗艦ファンド（投資信託）を１９７７年から13年間運用し、１年当たり平均29％のリターン（運用益）を上げて、初期投資者の財産を28倍にも増やした超一流の長期投資家である。

「さすがに自分が財産を13年間で28倍にするのは難しいにしても、この人のマネをすれば10倍くらいにはなるのではないか？」。そんな憧れを持って、私は短期トレード主体だった投資スタイルを完全に改め、２００８年からは個別株を厳選して長期投資するバイ＆ホールドを実践することにした。

ピーター・リンチに学び、ピーター・リンチに並ぶリターンを得る

当時は短期トレードが大流行りで、長期投資といえば、インデックスファンドや

ETFなどに広く薄く投資する長期分散投資が主流だった。株雑誌や株本を読んでも、バイ&ホールドの方法を丁寧に説明してくれる解説書は皆無と言ってよく、ピーター・リンチの書いた『ピーター・リンチの株で勝つ』（ダイヤモンド社）と『ピーター・リンチの株式投資の法則』（同）の2冊が私にとっては教科書だった。これを何度も何度も読み返し「自分の投資は間違っていないか？」「次は何をすべきか？」と自問自答を繰り返しながらの実践が始まった。

そんなある日、自分1人で研鑽をしていてもつまらないと思い、ネット上にブログ「エナフンさんの梨の木」を開設して、自分の考える投資を誰にでも読んでいただくことを思いついた。

私は、金融関係者の多くが自分のお金を個別株に投資することなく、企業評価や市場動向を解説している姿に違和感を抱いていた。そこで、個人として株式で運用している財産の中から100万円だけブログ用に取り出して専用の証券口座を開設し、その投資成績を公表しながら進めるというガチ勝負で行くことにした。2008年7月1日のことである。

それから13年。その口座の残高は2021年9月6日現在2842万円と28倍を超えている。ピーター・リンチの言う通りに投資をしたら、ピーター・リンチと同じリターンを得ることができたのである。

振り返ってみると、本当にいろいろあった13年間だった。まず、「さぁ、頑張ってピーター・リンチのように儲けてやるぞ！」と意気揚々とブログを立ち上げた直後の2008年9月、100年に1度と言われる大暴落「リーマンショック」が襲ってきた。あっという間にブログ用口座の含み益は消え、年末時点では2割以上の含み損である。神様はすぐにはご褒美を用意してくれなかった。

その影響は翌年も続いた。欧州ではギリシャやポルトガルの国債が大暴落し、世界の金融市場は大混乱となった。日本の政治も混乱が続き、2010年には尖閣問題が深刻化し、中国本土では日系企業がひどい排斥運動を受けた。さらに2011年には東日本を未曾有の大震災が襲い、福島で原発事故が発生する。「これでもか！　これでもか！」と、この世の終わりのような出来事が株式市場を襲い続けたのである。

ただ、私の心は明るかった。たび重なる暴落で、素晴らしい成長株があり得ないほどの超割安価格でゴロゴロしていたのである。「どれを買っても儲かりそうだが、いったい、どれを買おうかしら?」。今、思い返すと極めて贅沢な悩みである。

2012年に民主党政権が倒れ、第2次安倍政権が誕生すると、「アベノミクス」と呼ばれる強力な経済政策に期待が高まり、株価は急上昇を開始した。私の口座もそこからの5年間で6倍以上にも金額を増大させることができた。

ただ、その後、2017年から2019年の3年間は、損こそしなかったものの、目を見張るような儲けは得られなかった。おそらく、私にとっては、この13年間で最も苦しんだ時期といえる。

バイ&ホールドの基本は良い株を安く買うことにある。ところが、アベノミクスとセットで続いた異次元金融緩和によって、日本株は実力以上の大上昇を演じたためか、「良い株」を見つけることはできても、それを安く買うのは至難の業となった。良い株が実力以上にさらに高くなるパターンばかりとなり、その後、人気が離散するとともに、それらの株のほとんどは実力相応に暴落した。私はそれらの株の急上昇と急下降を、指をくわえて見ているばかりだったのである。

そして2020年、新型コロナウイルスが世界を襲った。年初、中国で感染拡大が確認された時はまだ株式市場は冷静さを保っていた。しかし、2月下旬に感染が

図表1　13年間の投資成績

	エナフン		日経平均		主な出来事
2008年7月	1,000,000	-	13,481	-	
2008年末	786,209	-21.4%	8,860	-34.3%	リーマンショック、日経平均バブル後最安値（7162.9円）
2009年末	1,317,336	67.6%	10,546	19.0%	欧州金融危機、民主党政権誕生
2010年末	1,913,337	45.2%	10,229	-3.0%	尖閣事件・中国反日デモ拡大
2011年末	1,691,089	-11.6%	8,455	-17.3%	東日本大震災、円最高値（1ドル75.55円）
2012年末	3,369,140	99.2%	10,395	22.9%	第2次安倍政権発足
2013年末	5,371,056	59.4%	16,291	56.7%	アベノミクススタート
2014年末	7,578,241	41.1%	17,451	7.1%	消費税8%にアップ
2015年末	8,605,484	13.6%	19,034	9.1%	イスラム国テロ拡大、シリア難民急増
2016年末	10,903,530	26.7%	19,114	0.4%	トランプ政権誕生、英ＥＵ離脱決定
2017年末	12,591,900	15.5%	22,765	19.1%	北朝鮮核開発加速、米朝軍事緊張高まる
2018年末	13,153,573	4.5%	20,015	-12.1%	米中貿易摩擦激化
2019年末	14,926,998	13.5%	23,657	18.2%	令和に改元、ラグビーW杯日本開催
2020年末	21,076,971	41.2%	27,444	16.0%	新型コロナウイルス感染拡大
21年9月現在	28,417,580	34.8%	29,660	8.1%	東京オリンピック開催
リターン平均	（28.4倍）	28.9%	（2.2倍）	6.2%	※リターン平均は複利計算

全世界に広がりはじめると市場は急激に動揺し始め、3月の日経平均最安値は1万6358円と前年末比30％を超える大暴落となった。東京オリンピックは延期され、ネット上には多くの個人投資家が保有株の大半を売却したという投稿があふれた。

さて、買い出動である。私の気持ちは再び明るくなった。この暴落はビッグチャンスにしか思えなかったのである。良い株が次々と異常安値をつける中、値持ちの良かった保有株の一部を売却し、コロナに無関係に成長が期待できる割安成長株や、コロナの影響でむしろ業績拡大が期待できる再成長株を、あり得ない割安さで買うことができた。

結局、その直後に動揺は収まり、それ以降、今度はコロナバブルとも呼ばれる意外な大上昇が始まった。おかげで私は、3月には前年末比で30％も財産を減らしていたにもかかわらず、年末には同41・2％増と大きく勝つことができた。

2021年に入ってからはバブルのような急騰はいったん収まり、日経平均株価は横ばいの展開が続いている。しかし、まだまだ相場は大きく歪んでいるようで、私にとっては良い株を割安に見つけられるチャンスが続いている。9月6日時点で、前年末比＋34・8％と引き続き好調だ。

ピーター・リンチの時代にはなかった巨大な問題

さて、このように書くと「自分もピーター・リンチの本を読んで財産を28倍に増やすぞ!!」と長期投資を決意される方もいらっしゃるだろうが、少々注意が必要だ。というのも、ピーター・リンチが活躍したのは、今から30年以上も昔の米国のことであり、ちょっとイメージするのが難しい部分がある。もちろん、その本質を突いた内容は21世紀の日本でも何ら色褪せることはないので、今でも教科書として使うことはできる。

しかし、できれば、日本人が書いた現代版の解説書が欲しいと感じる方も多いだろう。そこで僭越ながら私、奥山月仁の出番である。ピーター・リンチが書いている通りの投資を現代の日本株で実践し、ピーター・リンチと同等のリターンを手にすることができた私が、その真意を汲んだ解説書を書けば、きっと皆さまのお役に立てるに違いない。

ピーター・リンチは、一言で言うと「素人投資家ならではの割安成長株投資」を推奨している。そこで私も自身の知見や経験も盛り込んで、個人投資家向けに割安成長株投資法を解説することにした。本書はそのような狙いをもって書いた第3弾である。

最初に書いた『エナフン流株式投資術』はアマでも大いに勝てるピーター・リンチ流投資を私なりに解釈し直して、全体を網羅的にまとめた初心者のための入門書という位置づけである（補足解説03参照）。幸い、発売から3年経つが、大変ご好評をいただき、今でも発行部数を伸ばしている。次に書いた『エナフン流VE投資法』については、その最も重要な考え方、つまり、成長株を割安に買うためのノウハウを具体的・体系的にまとめたものだ（補足解説02参照）。実のところ、この2冊を読んで、さらにピーター・リンチの2冊を読めば、個人投資家がバイ&ホールドで勝つためのほとんどのノウハウが手に入るだろう。

あとはそれを愚直に実践していただきさえすれば、次第に財産は雪だるま式に増えるはずだ、と思っていた。しかし、現代ならではの巨大な問題が存在するため、それを克服しなければ、なかなか勝ちは手に入らないのではないか。そんな心配もあって、再度パソコンに向かい、本書を書くことにしたのである。

その巨大な問題とは何か？　行き過ぎた情報化社会との付き合い方である。

SNSやネットニュースが広く普及し、様々な投資情報を誰でも瞬時に大量に入手できる時代になったことで、かえって、多くの個人投資家は大混乱することになってしまった。30年以上前のピーター・リンチのやり方を愚直に実践しさえすればよいのに、もっと良さげな、様々な観点からの投資情報が、何ら整理されることなく、大量に一方的に押し寄せてくるため、何が正しく何が問題なのかもよく分からないまま、情報の渦に溺れてしまう投資家が後を絶たないのである。

そこで本書では、氾濫する情報への対処法を提示しながら、割安な成長株に投資して大きなリターンを得るバイ&ホールドの手法を解説する。

第1章では、あなたの元に押し寄せてくる様々な投資情報がいかに危険で利用が難しいものかを説明する。第2章では、このような情報社会でも、なぜオーソドックスなバイ&ホールド戦略が通用するのか、その優位性を詳しく説明する。第3章では、大量の情報の中から、どういうものが長期投資に有効で、どういう情報が害悪なのか、特に短期トレードでは有効でも長期投資ではまるで無意味な情報をどう扱うか、といった内容をまとめている。第4章では、私自身が13年間悪戦苦闘する中で気づいたムダ情報やウソ情報との付き合い方を説明している。

はっきり言って、本当に良い株を安く買うことができたなら、下手に世界中から新しい情報を集めるよりも、その会社のことだけを深く詳しく調べた方がよっぽどお金持ちになれる。そこで、本物の成長株をどう整理し、どう探し出せばよいのか、成長株の見つけ方を第5章にまとめた。第6章では、投資初心者が最初にぶつかる、しかし最初でありながら最大の壁をどうやって乗り切るべきか、その考え方や方策を提案している。

前2作と同様、本書も投資初心者向けというスタイルで書いているが、長年投資をしているが成績が伸びない方や、短期トレードや長期分散投資など他の投資法を追求してきたが、今後は個別株の長期投資もやってみたい方など、幅広い読者の方にもお勧めしたい。

目次

①損失回避バイアス
②アンカリング効果
③ブラフや相場操縦
④AI
株は短期的にはネズミ講と似ている

第2章 バイ&ホールドが有効な理由

2-1 オーソドックスなスタイルこそが勝利への近道

偉大な投資家のスタイルで情報の泥沼から抜け出す
企業努力が表れるEPSに注目する
予想のコツは「幅を持たせること」

2-2 大多数とは逆方向を見る

超人気株は相手にせず、不人気株でハイパフォーマンスを狙う
「悲観の極みは最高の買い時である」

2-3 空売りと比較した場合の優位性

株価の上値は青天井、下値は限定的

第3章 やるべきこと、やってはならないこと

ゲームストップ株の事件
割安株には買い手が現れる
株式市場はバイ＆ホールドに有利にできている
バイ＆ホールドで勝つための4つのポイント

3-1 予想に幅を持たせる

目標は「3〜5年で2〜3倍高程度」に設定
予想すべきは「いつ上がるか？」ではなく「いつか上がるか？」
機械的な損切り（ストップロス）はやってはならない

3-2 平均回帰を利用する

SDGs、ESGは大事だが、資本主義は成長を高く評価する

3-3 「システム1の頭脳」を封印し「システム2の頭脳」を働かせる

「マーケットもプロも間違える」を前提に考える
「イナゴタワー」の大相場には要注意

第5章

長期投資は「バイ」ですべてが決まる

5-1 理想的な企業を探し続ける

「長期にわたって成長しそうな企業」だけを見ていく

初心者が探しやすいのは時価総額500億円以下の中小型株

5-2 大化け株の探し方

スクリーニングは役立つのか？

20位～300位くらいの範囲に大化け株が隠れている

成長株の3つの種類

5-3 3種類の成長株への投資事例

①純粋な成長株：いつ買うのが正解か？

激安価格で買えるチャンスがちょくちょく発生する

素人だからプロより有利なこともある

②再成長株：成熟企業の変化に注目

第6章 本物のビッグチャンスをものにする

6-2

「億り人」へのスタート

余裕資金の30%を個別株投資に投入する

投資資金の拡大

株式投資は「ほぼギャンブル」

6-3

「良い勝ち」と「悪い勝ち」

損した時にどう考えるか？

「悪い内容で勝つ」と、いつかすべてを失う

小高い丘の上から大砲をぶちかます心得

第1章

情報との付き合い方

1-1

SNSや掲示板のワナ

ネット上の情報を誰もが見ている時代

私がブログ「エナフンさんの梨の木」を開設してから13年になる。開設当初は20～30代の比較的若い世代が読者層の中心だった。2008年のリーマンショックに続き、2011年には東日本大震災が日本経済を襲い、株式市場はひどい低迷を続けていたので、日本人の多くは株式投資にまるで興味を示さなかった。そんな中、ネット住民かつ株オタクな小さなコミュニティが存在し、そのメンバー間で株式投資に関する情報交換を細々とやっていたのである。その後、彼らの多くは「億り人」となった。

当時は、私が「実は株のブログをやってるんだ」と周りに言っても、「ふーん」くらいな反応で、それ以上話が続くことはなかった。どちらかというと「やばい人」という扱いを受けるので、そういうことを人に言うのも避けるようになった。

知り合いの誰かが何かで成功して儲かっているという話は、多くの場合、聞きたくもないものである。

ところが、最近はずいぶん投資家のすそ野が広がった。どこから聞いたのか、会社の廊下を歩いていると思わぬ人から株の質問を受けることもある。よく知っている仲間から「こいつ、株の本を何冊も出してるんだ」などと紹介されようものなら大騒ぎだ。「○○株についてどう思いますか？」「今の株高はいつまで続くと思いますか？」などと質問攻めにあってしまう。

ブログの運営にあたっても変化を感じる。ブログにはコメント機能やメッセージ機能がついているので、見ず知らずの方々から意見や感想を頂戴することも多いのだが、最近は60歳とか70歳といった年配の読者がずいぶん増加した。以前は相手が若すぎて話を理解するのに苦しむ面があったのに対し、最近は話題が古すぎて話を合わせるのが難しいケースも増えた。

図表2は金融広報中央委員会が実施した「家計の金融行動に関する世論調査（2019）」の結果だ。20歳代の平均金融資産が220万円であるのに対し、60歳代は2203万円と年齢が上がるにつれて金融資産は増え続けている。退職後、年

図表2　世代別の金融資産保有状況

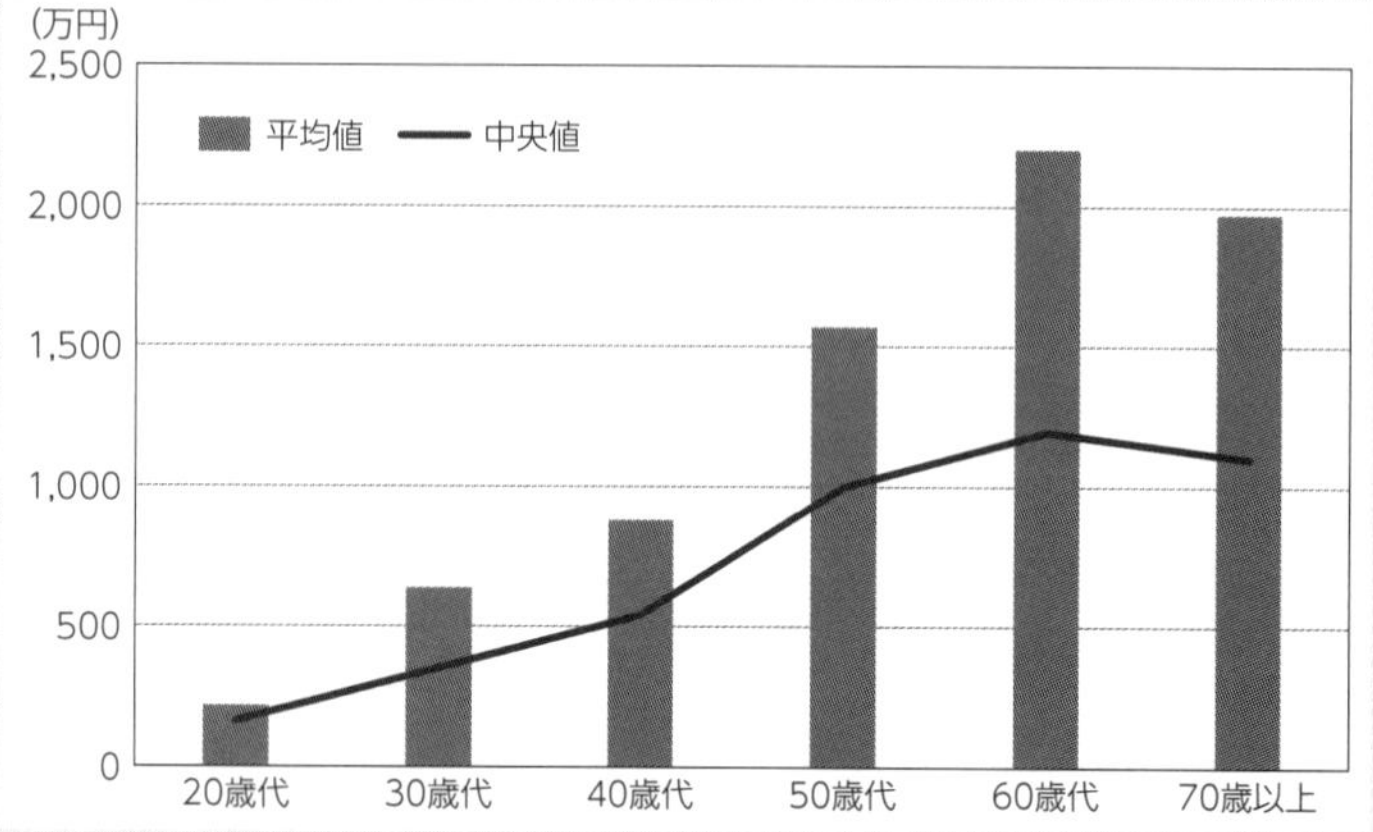

（出所）金融広報中央委員会が実施した「家計の金融行動に関する世論調査（2019）」

世代別の平均金融資産は、20歳代が220万円であるのに対し、60歳代は2203万円と年齢が上がるにつれて増え続ける。ただし、平均値は一部の極端な金持ちが吊り上げるため、一般的な家庭よりもずいぶん高い数字が出る。そこで中央値（折れ線グラフ）、つまり全体の真ん中の人がいくら持っているかという数字と比較した方が、自分の立ち位置をより正確に知ることができる。

金だけでは足りない分を取り崩すためか、70歳以上の層は若干減少するが、それでも平均して1978万円の金融資産を保有している。

この金額を自分に照らし合わせて、「やばっ、ウチら、同世代と比べて全然少ないじゃん」と嘆く必要はない。金融資産というのは、一部の極端な金持ちが平均値を何割も吊り上げる傾向があるため、一般的な家庭の金融資産よりもずいぶん高い数字が出てしまう。そこで平均値（棒グラフ）ではなく中央値（折れ線グラフ）、つまり、全体の真ん中の人がいくら持っているかという数字と比較した方が、自分の立ち位置をより正確に知ることができる。

いずれにせよ、若い世代よりも年配世代の方が金融資産を多く保有しているのは間違いない。インターネットやスマートフォンが中高齢者にも普及するにつれて、私のブログやツイッターのフォロワーが高齢化するのも必然と言える。

特にこの13年間は日経平均株価も右肩上がりで上昇し、株をやってきた人とやってこなかった人の資産格差は広がるばかりだ。

「ああー、あの頃、アップルかソニーの株を買っとけば、今頃、ずいぶん楽ができ

図表3　日経平均株価の推移

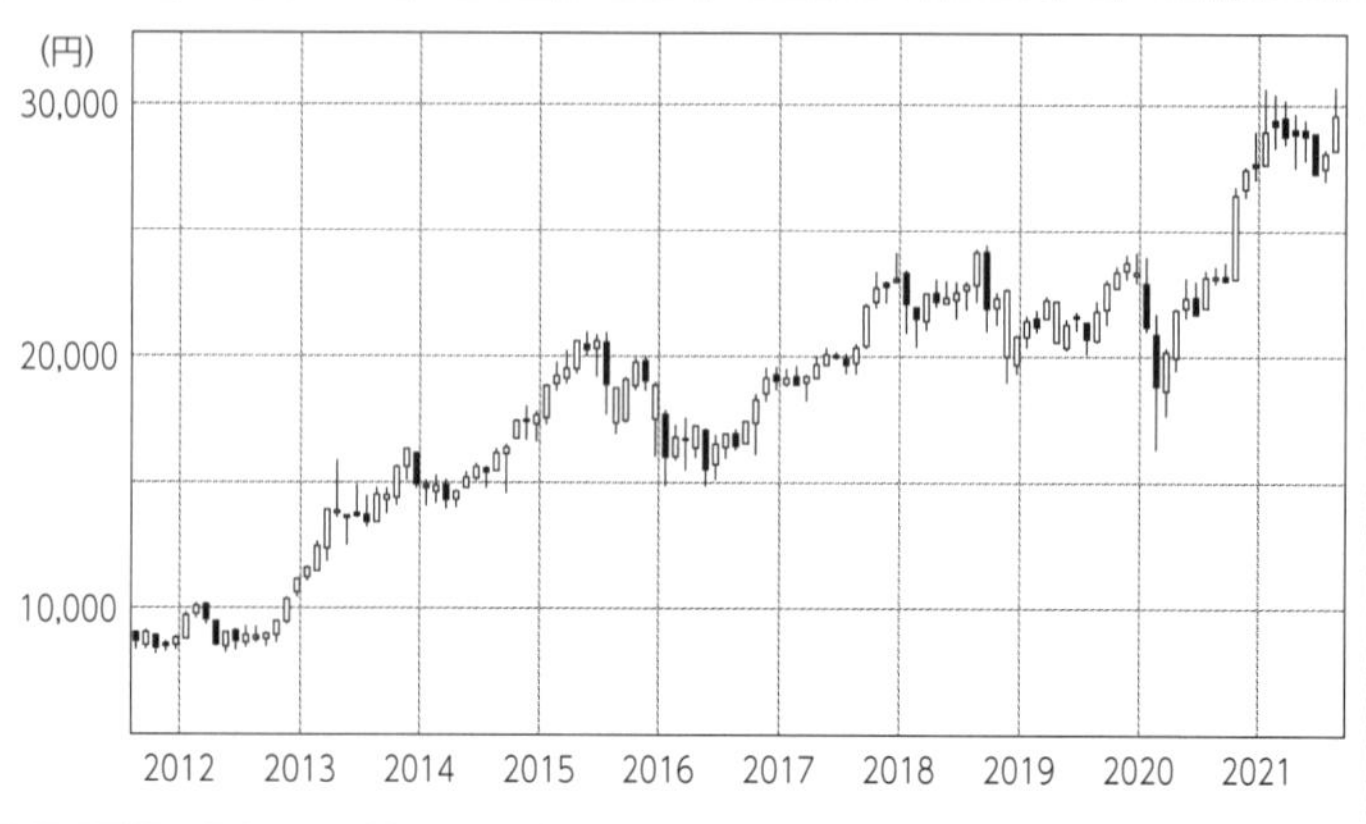

2012年には1万円を割り込んでいた日経平均株価は、アベノミクス以降、ほぼ右肩上がりで推移し、コロナショックも乗り切って2021年には一時3万円台を回復するまでに上昇した。株をやってきた人とやってこなかった人の資産格差は広がるばかりだ。

たのに…」などと悔しい思いをしてきた人々が、最近になって次々と株式市場になだれ込んでいる。しかし、リーマンショック直後や東日本大震災直後の大混乱期にそれらの株を買い向かい、しかもいまだに保有し続けている人は皆無に近いだろう。それほどの精神力が備わっている人はまずいない。

膨大なムダ情報に惑わされるな

さて、そんな年配者や最近株を始めた新米投資家に対して私が心配していることが1つある。SNSやネット掲示板との付き合い方だ。もしかすると、「誰よりも早く、誰よりも多く、誰よりもネット情報に精通したものが株で勝てる」と勘違いしている人がいるかもしれない。念のため、警告しておくが、SNSやネット掲示板でいくら情報を収集しても勝ちにつながるケースは少ない。むしろ、膨大なムダ情報とウソ情報に惑わされるばかりで、時間の浪費につながるだろう。

「いや、そんなことはない。とても有益な情報を発信してくれる人もいるし、自分では理解できていなかった気づきを得ることもできる」と反論したい人もいるかもしれないが、次のような理由から、大抵の場合、害悪の方がはるかに大きくなる。

まさに今から買おうとする株のとっておきの有効情報をわざわざ他人に先に教えるバカはいない。もし、そんなことをすると、買う前に株価が高くなってしまって、自分に不利に働くからだ。何年も勝ち続けている腕利きのベテラン投資家が有益情報をコメントするのは、彼らが既に買い集めた後であり、あなたがその情報を手に入れた時点で相当出遅れている。

しかも、仮にそれが本当に有効な情報ならば、その情報が出回ってほしくない別のプレイヤーが大量のかく乱情報を流しだす。その株を空売りしている人や今からその株を買い集めたい人にとっては、前向きな情報が浸透して株価が上昇してしまうのはうれしくない。そこで、それを打ち消すネガティブ情報やそれを目につきにくくするために全く意味のないムダ情報を大量に流す。

どのような企業にも優れたところと悪いところの両方が存在するため、探せばマイナス要因はいくらでもある。そういう悪い情報ばかりを探して、もしそういう情報が見つからなければ、今度は意味のないムダ情報で掲示板を埋め尽くし、投資家心理を暗くさせたり、読む気をなくさせたりするのである。

反対に多くの人がその株を売りたい時、SNSやネット掲示板には、前向きで夢のある情報があふれかえる。それを読んで買ってくれる人が現れれば、うまく高値で売り抜けられるからだ。

つまり、大抵の場合、あなたがネット上で手にする投資情報は、あなたにとってマイナスか無意味なものばかりということになる。

もちろん、そのような悪意を含まない情報も出回ってはいるが、その多くは個人的なメモ書き程度のものであり、学びはほとんど得られない。「今日は朝からA株を買い向かった。良いタイミングで買えたのに売りのタイミングが悪く、イマイチの成績だった。明日は頑張るぞ」みたいな個人トレーダーの奮闘記録を読むことにいったい何の意味があるのだろう？

その人が短期的に勝ったか負けたかという情報と、その企業の業績が長期的に拡大するかどうかは、全く別問題だ。その人はその人、あなたはあなた、企業は企業。今日は今日で、明日は明日で、3年後は3年後なのである。それぞれに関連性はほとんどない。

今日株が上がったことと、明日上がるかどうかは別問題だし、その人が勝ったことと、あなたが勝てるかどうかも別問題だ。どこかの誰かが今日その会社の株で短期トレードして負けた情報と3年後の企業業績とは全く関係ない。

ウォーレン・バフェットは言う。「**予測が教えてくれるのは、未来のことではなく、むしろ予測者のことである**」。

どこの誰とも分からない、赤の他人のことを知るだけで、未来のことなど、ほとんど何も手に入らない。膨大な時間をムダに使ってしまうだけなのである。

『デマの心理学』と、ひろゆきの警句

G・W・オルポートとL・ポストマンは『デマの心理学』(1952年)という本の中で、「デマの流布量」は「重要度」と「曖昧さ」の積に比例するとして、次のような公式を発表している。

R〜I×A

この式のアルファベットの意味は、R＝デマ(rumour)の流布量、I＝情報の

重要さ（importance）、A＝情報の曖昧さ（ambiguity）であり、「～」は「比例する」という意味の記号である。

つまり、ある情報が重要であればあるほど、かつ、曖昧であればあるほど、デマや噂が広がりやすいというのである。

新型コロナウイルスの蔓延に伴い、「トイレットペーパーが不足する」というデマが流れて、店頭からトイレットペーパーがなくなった経験を思い出してほしい。トイレットペーパーはなくてはならない必需品だ。ないとお尻が拭けなくなってしまう。この情報の重要度は極めて高い。

一方で不足する理由については、トイレットペーパーのサプライチェーンを正確に知るその道のプロにでも聞かない限り、否定も肯定もできない。そんな人はほとんどいないため、「よく分からないけど、トイレットペーパーは不足するらしい。そして現に店頭からトイレットペーパーがなくなっている。買わなくては…」と、重要かつ曖昧な情報を根拠に人々が誤った行動をとってしまったのである。

さて、この公式を株式投資に当てはめてほしい。当然のことながら、あなたにとって、「今後、株価がどちらに動くのか？」という情報は極めて重大な関心事だろう。一方で、今後株価がどう動くかを正確に知るものはこの世に1人もいない。未来というものは、結局のところ、誰にも分からないのである。

そのため、SNSやネット掲示板にあふれる「近い将来、○○株は絶対に上がる」とか「このパターンなら、明日の大暴落は避けられない」などという情報は、典型的な重要かつ曖昧な情報となり、この公式に当てはめると流布量も非常に大きくなる。

かくいう私もブログで「A株を購入して保有している」などと書こうものなら、大変なことになる。A株のネット掲示板やSNSで「エナフン氏はA株に注目している」→「エナフン氏がA株を買い集めている」→「A株には仕手筋が介入している」→「A株は絶対上がる」などと少しずつ事実がゆがめられ、自分たちの都合の良いように加工されて、流布してしまうことがある。

もちろん、私は仕手筋ではないし、「この株は絶対に上がる」などと考えて株を保有したことは1度もない。儲かる可能性が高いと判断しつつも、そうではない可能性を否定したりはしない。常に上がる可能性と下がる可能性を天秤にかけながら、慎重に投資判断を続けている。その思考内容の一部をブログに公開するわけだが、その文章の中でも、特に自分たちに都合の良い一部分だけが引用されて拡散してしまうため、重要かつ曖昧な情報となって、デマの元となってしまうのだ。

このようにデマであふれるSNSやネット掲示板だが、もちろん正確な情報も含まれている。しかし、どれが正確で、どれが噂やデマの類なのかを見分けるのは非常に難しい。以前、2ちゃんねるの創始者である西村ひろゆき氏がこんなことを言って話題になったことがある。「うそはうそと見抜ける人でないと（ネット掲示板を使うのは）難しい」。あなたにその才能があるだろうか？

投資家が克服すべき「人間の本能」

SNSやネット掲示板にあふれる株情報の多くはとても刺激的だ。単に事実を流すのではつまらない。皆、様々な演出やストーリーを用意して感情に訴える。刺激的な表現や断定的な言い回しをあえて使うことで、期待や失望を誘発する。何度も何度も繰り返し同じことを書いて記憶に刻み付ける。つい笑ってしまう楽しい表現で共感を呼ぶ。とりわけ衝撃的な情報に限って、人々に驚きを与え、広く拡散してしまうため、あなたの元に届く情報はあなたの感情を必要以上に刺激するものばかりとなってしまう。

そのため、理性ではなく、感情で重要な判断を下してしまいがちだ。売るべきではないタイミングで売りたくなってしまう。買うべきでない株をつい買いたくなってしまう。

世界的なベストセラーとなった『ファクトフルネス』（日経BP）で、著者のハンス・ロスリング氏は、何百万年にもわたる進化の過程で、差し迫った危険から逃れるために、人類は様々な本能を身につけたと説明する。その中に、ドラマチックな物語に耳を傾けてしまう本能が存在すると語る。おそらく、古代人は、日常のありきたりな情報よりも刺激的でドラマチックな情報を優先することで危険を察知し、厳しい生存競争を勝ち残ってきたのだろう。

ところが、当時とは比べ物にならないほど平和となった現在、「ドラマチックすぎる世界の見方」は人々を正確な分析から遠ざけ、世界をありのままに見るための阻害要因となってしまった。この問題を克服するためにはどうしたら良いか？　この本にはそのための知恵が豊富に紹介されている。

毎日のようにドラマチックすぎる情報で感情を揺さぶられ続ける株式投資家は、

ファクトフルネスを身に付ける努力をすると良いだろう。危険でないことを危険と思いこんでしまう「恐怖本能」、目の前の数字が一番重要だと考える「過大視本能」、1つの例がすべてに当てはまると考える「パターン化本能」、いますぐ手を打たなければ大変なことになると考えてしまう「焦り本能」等々、株式投資家が克服すべき項目がてんこもりだ。

本当に意味のある「正確な企業情報」を集めることに時間を使う

ただ、そのような努力も重要だが、それ以上に身に付けておくべき大事なポイントがある。それは、そのような意味のない情報やデマ情報、それでいて感情を強く刺激する情報、つまり、投資先を探索したり、保有株の今後を占ったりといった株式投資の売買の根拠をネット掲示板やSNSから探索するような行為を、意識して遮断することである。

得られるものが極めて少なく、判断を鈍らせ、行動を狂わせてしまう大量の情報をわざわざインプットする必要はない。

そんなことで膨大な時間を潰すくらいなら、1銘柄でも多くの正確な企業情報を集めることに時間を使った方が有効だ。時々、ベテラン投資家がネットで有効情報を流すのは事実だが、そのほとんどは企業サイトやその業界に関連するニュースなど、誰でも手に入る公開情報を丹念に調べただけもので、毎日5分も同じ努力をすれば、あなたでも簡単に入手できる。投資先企業の公式サイトから最新の情報を手に入れる。その会社や主力商品名をグーグルで検索する。その業界のことがまとまっている本を読む。その会社の商品やサービスを実際に手にしたり体験したりする。

より有利なのはあなたの投資先があなたの仕事や趣味と関連性が深い場合だ。あなたが読む業界紙や趣味のサイトの中から、有望な投資先を見つけたり、投資先企業の未来を予見させる重要な情報を手にしたりすることができるだろう。

やっていただくとすぐ分かることだが、どんな人気銘柄に投資したとしても、その企業に関する驚きのニュースや画期的な新商品発表みたいな情報は滅多に流れてこない。現実は、極めて退屈でありきたりな情報が淡々と流れているだけだ。

本当に意味のある情報とはそういう類のものである。その企業が次の一手として何をしようとしているのか？　今の状況をどう乗り越えようとしているのか？　その企業が持つ強さはどこにあるのか？　ムダ情報やデマ情報を排除して、淡々とそういう視点で企業を分析するのである。

念のため断っておくが、SNSを遮断しろとまでは言っていない。おそらく、その方が人生を楽にしてくれるだろうが、それはちょっと別の話だ。繰り返しになるが、ここで言いたいのは、「売買の根拠や保有株の未来予測をSNSやネット掲示板に求めてはいけない」ということである。投資全般の情報や投資ノウハウを真面目に伝えてくれる人々の努力は否定しない。現に私だって、ブログの更新情報や読んでおくべきネット記事などをツイッターでお知らせしている。

魚の釣り方やきのこの探し方を学ぶのは一向にかまわない。だが、誰かが釣った魚をSNSからただで手に入れようとか、既に調理されているきのこ料理をネット掲示板からただで頂戴しようとするから、そこに心の隙が生まれるのである。

数少ない有効情報も、投資スタイルの違いによって毒になる

ただし、SNSで投資ノウハウを勉強するにしても注意点がいくつかある。既に

何億円も稼いだ凄腕投資家だからといって、常に勝ち続けているわけではないし、失敗も多い。ある時点ではその人の投資法が有効だったとしても、多くの投資家にそのノウハウが共有されると、その投資法の有効性が落ちてしまうこともある。多くの人が理解して一般化した時点で、その投資法は時代遅れとなって、すぐに使えなくなるか、既に使えない。そんなこともあって、本当に有効な投資ノウハウはなかなか教えてもらえない。

あるいは素人を騙すようなノウハウで勝ち続けている凄腕投資家も存在する。人々にある銘柄を推奨しておきながら、自分はその株を高値で売り抜けるといった具合だ。

当然、どんな著名投資家でも、明日上がるか下がるかなんて分からないし、3か月後の予想に関してもかなり怪しい。私は、数日とか数週間、あるいは数か月といった短期的な株価の変動を無視し、数年単位でみてリターンを高めるような投資スタイルをとっているのだが、そのような長期投資家から短期トレードのノウハウを得られるはずもない。自分にあった投資スタイルを見つけ出す必要がある。

3人の投資家がいれば、3種類の投資スタイルが存在する。それらの違いを理解せずに彼らのノウハウを合体して吸収すると、むしろ変なクセがついてしまって、うまくいかない。短期トレードと長期投資では考え方が全く違うし、長期投資といっても、分散投資と集中投資では考え方が真逆だ。考え方が違っても、場合によっては真逆であっても、そのいずれにも成功者が存在するのが投資の世界なのである。

それらの複数の考え方がごちゃ混ぜであなたの元に届く。SNSやネット掲示板は大半がデマ情報やムダ情報である上、ようやく見つけた数少ない有効情報も投資スタイルの違いによって、毒にも薬にもなるのだ。

幅広く様々な投資ノウハウを集めるよりも、どこかのタイミングで、思い切って、投資スタイルを確定させ、そこに深く鋭く突っ込んでいった方が、成功する可能性は高い。SNSでも、数多くの投資家をフォローするより、信頼できる、投資スタイルのよく似た少数の投資家にフォロー数を絞った方がうまくいくだろう。

小まとめ

- ＳＮＳやネット掲示板の情報を根拠に売買してはいけない。
- それらの情報の多くは悪意を帯びていたり、勘違いを含んでいたりする。
- スタイルの異なる複数の投資家からノウハウを得ようとすると、むしろ混乱する。
- あえて情報を遮断したり、絞ったりする努力が有効である。

1-2 行動経済学が教える投資心理の落とし穴

リアルタイム株価を日中は遮断する

遮断と言うと、株式投資家にとって、断ち切るべき厄介な情報は他にもある。チャートや板情報といったリアルタイムの株価情報である。

私のように30年以上も株式投資をしている人間にとって、今の株式市場は忙しすぎる。

私が株を始めたころは、その日の朝に電話で証券マンに注文しておくと、その日の夜に「ご注文いただいた○○株ですが、1000株620円で約定できました」などと電話がかかってきたものである。リアルタイムで株価がどう動いているかを知るためには証券会社の電光掲示板の前でそれを眺め続けるか、ラジオたんぱで超早口の株価情報を聞き続けるくらいしかすべがなかった。

21世紀になってネット証券が普及し、初めて板情報をリアルタイムで見ることができた時は感動した。「裏ではこんなやり取りがあったのか…」。

しかし、これが苦労の始まりだった。以前なら、知りたくても知ることができなかったので、株価がリアルタイムでどうなっているかなんて気にも留めずに生活することができた。今は、見ようと思えば、いつでもどこでも株価や板情報を見られるために、それが気になって仕方がない。SNSやネット掲示板とあわせて、株価情報をリアルタイムに眺め始めたら、時間はあっという間に過ぎていく。

もし、あなたが、刻一刻と変化する株価を見続けている人間の方が、普段は株価のことをすっかり忘れ、たまに思い出したようにチェックする人間よりも、有利に戦うことができると思い込んでいるなら、これについても考えを改めた方が良いだろう。

あなたを惑わす4つの問題

①損失回避バイアス

ファクトフルネスに限らず、経済学の世界でも、近年、心理的なバイアスが人々を合理的な行動から遠ざけるため、市場にゆがみや偏りをもたらすと考えられるようになった。このような考え方は、行動経済学とか行動ファイナンス理論と呼ばれ体系化されている。この分野の先駆者であり、ノーベル経済学賞受賞者でもあるダニエル・カーネマンと同僚のエイモス・トベルスキーは、「人は金額が同じ場合、利益を出すことによって得られる喜びの大きさよりも、損をすることによって受ける痛みの大きさの方をより強く感じやすい」ことを立証し、この心理的な傾向を「損失回避バイアス」と名付けた。彼らの研究によれば、損失を出してしまうと、平均的には、同じ金額の利益を上げて得られる喜びの2倍のダメージを受けてしまうそうだ。

1日中、株価情報を見続けたら、あなたもすぐにこの理論を実感することができるだろう。

仮にあなたの保有株の昨日終値が500円だったとしよう。今日は寄り付きで10円上がって510円になったとする。当然、あなたは大喜び。10円分の喜びを得る。ところがその後次第に売りに押され、昨日の終値と同じ500円になった時、別にあなたは1円も損をしたわけではないのに「先ほど売っておけば…」などという思いから、それを損失と感じ、10円分×2倍＝20円分のダメージを受ける。ところが午後から再び株価は大きく上がり、一時的に520円となった。あなたは20円分の喜びを受けとり、有頂天となる。ところがその後ズルズルと下がり始め、結局その日の終値は昨日と同じ500円にもどってしまった。20円分×2倍＝40円分のダメージを受けとる。

さて、いろいろあったにせよ、あなたは昨日と比べて1円も損をしているわけではないのだから何も悲しむ必要はない。ところが、今日1日に得られた心理的喜びとダメージの総量を比較すると、差し引きで30円損したような感覚に陥る。「くそっ、最悪だ。寄り付きで売って10円儲けておいてから、500円に下がったタイミングで同じ株を買い戻し、昼過ぎの520円に上がったタイミングで再び売り抜けておけば、全部で30円儲かったはずなのに、何もせずに指をくわえてみていたばかりに1円も儲からなかった。ああっ、なんて馬鹿なワタシ…」。こんな後悔を引きずることになる。

毎日毎日、この繰り返しだと、仮に年間を通じて結構な儲けを得たとしても、むしろ敗北感に打ちのめされることになる。「結局、あんなに頑張ったのに100万円しか儲からなかった」。

図表4　損失回避バイアス

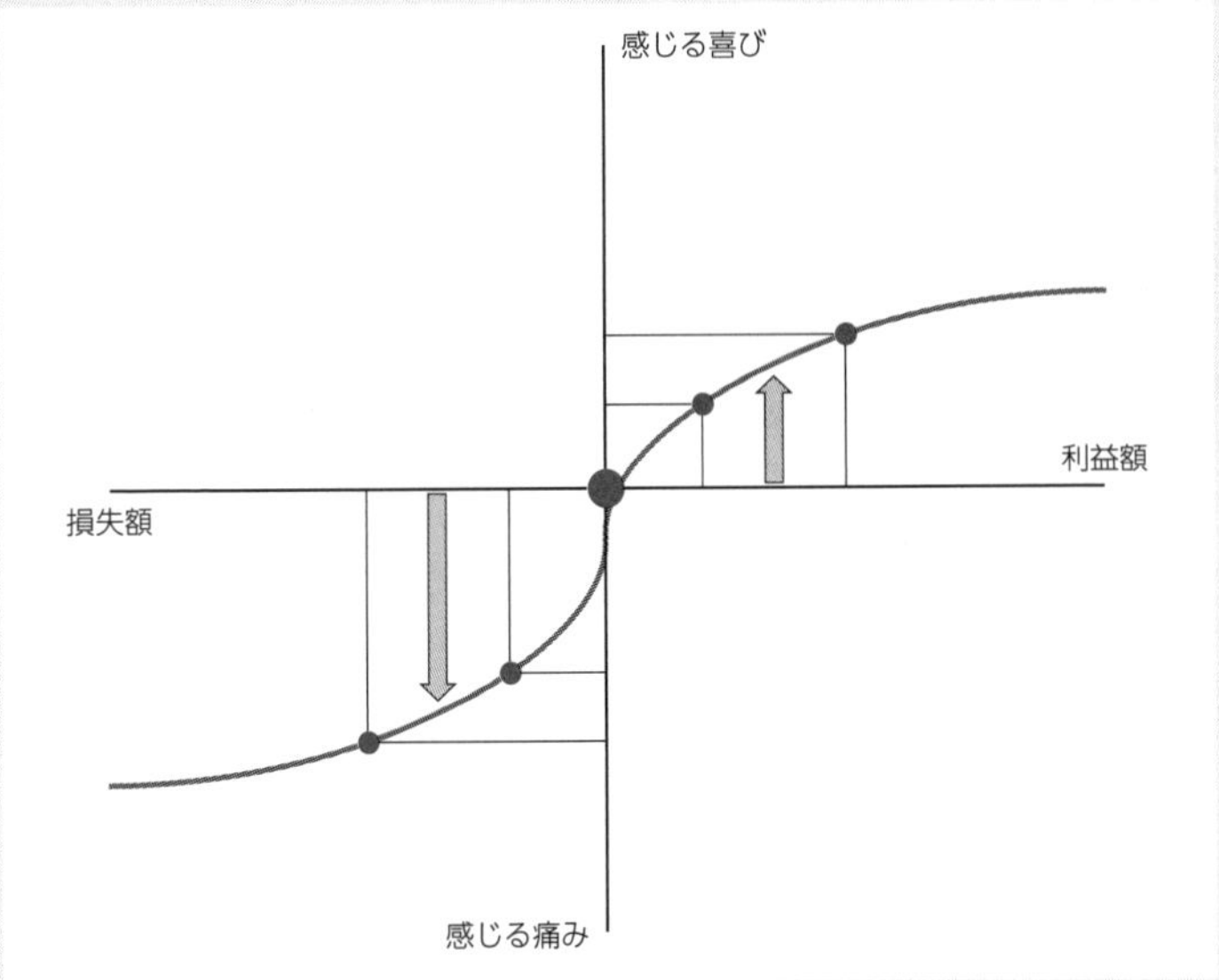

ノーベル経済学賞受賞者でもあるダニエル・カーネマンと同僚のエイモス・トベルスキーは、「人は、利益を出すことによって得られる喜びの大きさよりも、損をすることによって受ける痛みの大きさの方をより強く感じやすい」ことを立証し、この心理的な傾向を「損失回避バイアス」と名付けた。彼らの研究によれば、損失を出してしまうと、同じ金額の利益を上げて得られる喜びの2倍のダメージを受けてしまうそうだ。

宝くじか何かで100万円も儲かったなら、あなたは、かなりの大喜びができるだろうが、株の場合は「自分が上手なら1000万円儲かったはずなのに、100万円しか手にできなかった。900万円、損をした」という気分になる。もちろん、自分が上手ならという仮定は、極めて非現実的な妄想に過ぎないのだが。

②アンカリング効果

SNSやネット掲示板で保有株の情報を集めようとすると、あなたは必ず次のような投稿を読むことになる「(今は400円の) A株は実力から判断すると1000円を超えてもおかしくない」「ついに上昇が始まった。この勢いなら2000円くらいまで上がるだろう」「この株が3000円なんてあり得ない。3か月後には1000円を切っているだろう」。これらの架空の株価情報はあなたの意思決定にどの程度影響を与えるものだろうか?

前述のダニエル・カーネマンは、著書『ファスト&スロー』(早川書房) の中で、アンカリング効果という心理学用語を紹介している。

アンカリング効果とは、何かの数字を予想する際に、事前に何らかの数字をインプットされると、どうしてもその数字の影響を受けてしまう心理的な傾向を指す。

例えば、「①ソニー株は3年後に5万円を超えていると思うか？　②具体的に、あなたはいくらと予想するか？」という質問を受けた人々と、「①ソニー株は3年後に1万円を維持できていると思うか？　②具体的に、あなたはいくらと予想するか？」という質問を受けた人々では、数字は大幅に変化する。前者は5万円という大きな数字に引っ張られ、3万円とか4万円といった割高な価格を予想しがちになるのに対し、後者は1万円という数字が頭に引っかかり、1万3000円とか1万5000円といった割安な価格を予想してしまう。もちろん、5万円とか1万円といった数字に何の根拠もなく、今、私が思いついた想像上の株価に過ぎない。

「そんなバカな」。行動ファイナンスや心理学を勉強したことのない方はそう感じるかもしれないが、この分野はかなり広範に研究が進んでいて、人間は合理的に振る舞おうとしてもどうしても振る舞うことができない心理的な癖を持っていることが分かっている。

この場合、何の根拠もない数字でも意思決定の前に見せられると、そこに心理的なアンカー、つまり碇《いかり》を下ろしてしまうことになり、その数字に引っ張られてしまう傾向が存在するのだ。この傾向をアンカリング効果という。

アンカリング効果は極めて強力で、大半の人を好ましくないほど暗示にかかりやすくするため、「騙されやすさに付け込む輩が多数出現している」と、ダニエル・カーネマンは警告する。価格交渉の場においても、先手を打ってかなり高めの金額を提示した後、徐々に値段を下げるようなやり方は、一般的なテクニックとして普通に行われている。

当然のことながら、株式市場においても狙ってこれをやる輩が存在する。よく見る「A株は実力から判断すると1000円を超えてもおかしくない」などと言う投稿を素直な意見ととらえてはいけない。あなたに高めのアンカー（碇）を下ろさせて、自分が保有する株を高値で売り抜けようとする、あるいは少しでも高い価格で空売りをしようとする悪意あるプレイヤーの発言である可能性を否定できない。

もちろん、SNSでつぶやかれるすべての予想株価がそのような悪意を帯びているものだとは思わない。しかし、そのことがさらに問題を複雑にする。すべてに悪意があってくれればそれを無視することも簡単だが、真面目な投稿が混じっているばかりに、悪意ある予想株価と見分けがつかなくなってしまう。

図表5　アンカリング効果の例

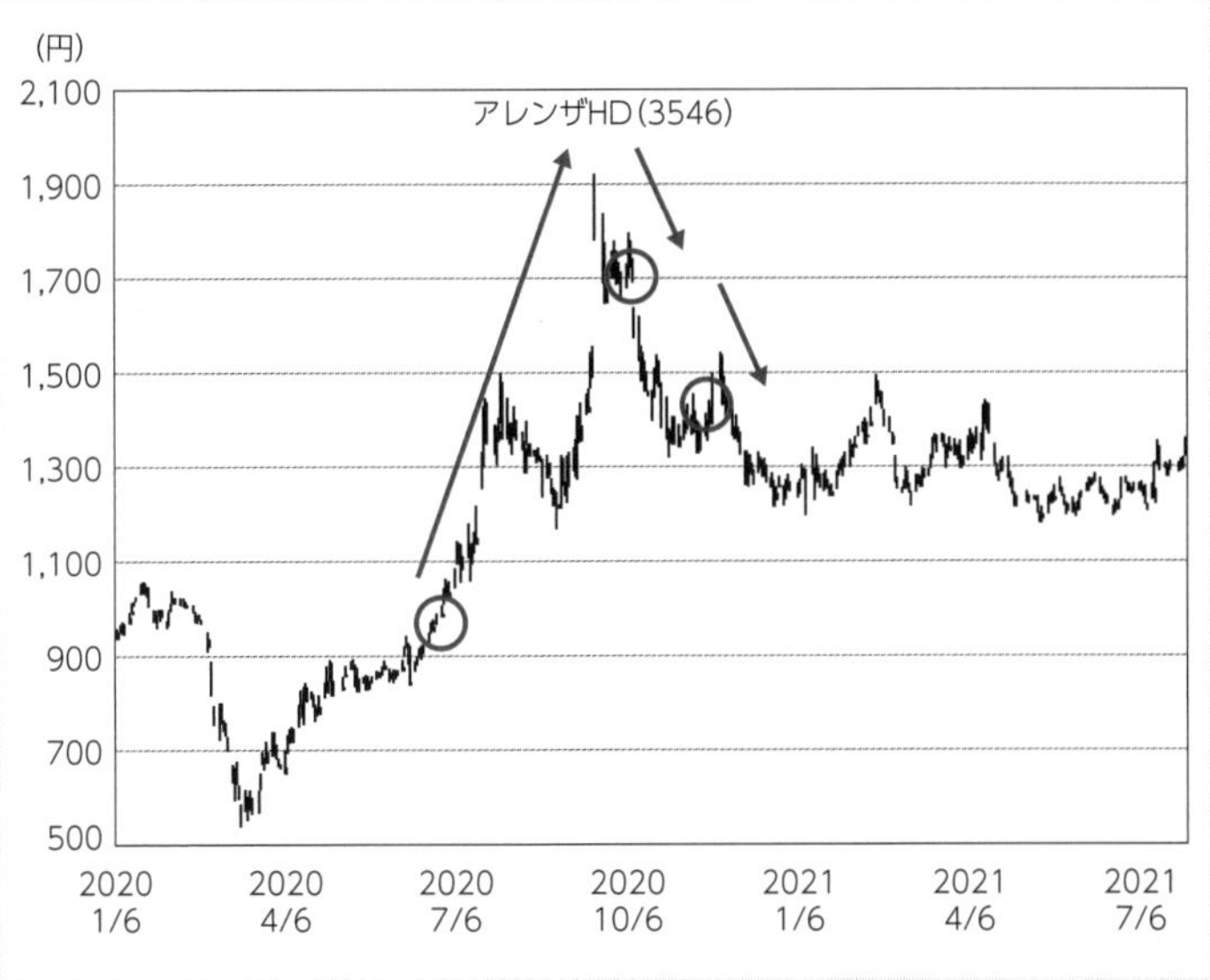

私はこの株を1030円平均で買い向かった。
狙い通り2か月ほどで2倍近い1900円まで上昇。
その後、下落に転じた1700円前後で半分利益を確定。
残り半分は敗北したような気持ちで1400円台で売却した。
1900円という高値がアンカーとなったわけだが、
振り返ってみると、悪い投資ではなかった。

さらに言うと、実際の株価そのものがアンカーとなることも考えられる。

あなたはある株を600円で買ったとする。割安さの観点から50％は上昇が期待できると考えたからだ。そこで特にビジネスに変化がない限り、目標株価を900円に設定した。ところが、買った翌日からその株は勢いよく上がり始め、1か月ほどで1000円をつけた。大成功だ。

しかし、それは一瞬の出来事で、その直後に利益確定売りに押されて、現在は900円前後で株価が推移している。当然、狙い通り目標株価を達成しているのだから、あなたはさっさと900円で利益を確定してしまえばよさそうなものなのだが、これが難しい。一瞬見てしまった1000円という株価がアンカーとなり、900円で売るのは損をした気分になってしまう。結局、なかなか売る判断ができないでいるうちに、株価はあっという間に下がってしまう。株式投資をしている人なら、そんな経験はいくらでもあるだろう。

③ブラフや相場操縦

スマホやパソコンで板情報（図表6参照）をリアルタイムで見ている人はお気づ

きだと思うが、そこには相当な駆け引きが存在する。素直に「私、800円で1000株買いたいので売ってください」みたいな情報だけが表示されているわけではない。いかにも買いたいように板をちらちら見せつつも、実は大量の株を売り抜けているプレイヤーもいれば、わざと株価を吊り上げるように買い進むプレイヤーも存在する。

これらの行為は厳密には相場操縦ということになるかもしれないが、相場操縦とそうではない取引との境界はとても曖昧であり、極端に目立つことをしない限り、捕まることはない。サッカーの試合を見ていると、わざと足を引っかけた反則か、真面目にボールを追った結果なのか、その判定が難しいことがある。あれと似ている。

さて、念のため、基本を説明するが、大きな資金を動かすプロは、たくさん買い集めたいからといって、大量の買い注文を一度に入れたりはしない。緩急をつけて、少しずつ買い進める。この時、買い注文だけを入れ続けるとあっという間に株価が上昇してしまうため、冷やし玉と呼ばれる売り注文を時々入れて一部は利益を確定させながらも、最終的には目標金額まで買い集める。

買い＋買い＋買い＋売り＋買い＋買い＋売り＋買い＋買い＋買い＋売り＋買い…。

分かりやすく書くと、こんな感じである。逆に売り抜ける時は、売り注文は多めに、買い注文は控えめに、緩急をつけながら連続的に売買を繰り返す。

一般的には、買いの量と売りの量とを比べて、買いが多い時に株価は上がり、売りが多い時に株価が下がる、と教えられるが、現実はそれだけではない。潜在的な買い注文が大量にあったとしても、本当は売る意思もないのに大量の売り注文を見せることで株価を抑え込む手法が存在する。いわゆる見せ板だ。一見大量の売り注文が存在するため、株価は上がりにくくなり、本当は買いたいと思っていた人の買う気を失せさせてしまう。

逆に、売り板が薄い（売りが弱い）時にワザと株価が上がるように強く買い注文を入れると、とても小さな金額で株価を上昇させることができる。勢いよく上がる株価を見て、それに追従する動きがあるため、いったん株価を吊り上げておいてから、持ち株を売り抜けるテクニックがあるのだ。これらは広く知れ渡っている古典的なテクニックだが、より高度なテクニックを織り交ぜながら、少しでも安く買い集める、あるいは少しでも高く売り抜ける様々な手法が存在すると思われる。

図表6　板情報と「見せ板」

＜通常＞

売数量		買数量
200	780	
400	779	
1,200	778	
200	777	
1,100	776	
	775	
	774	1,200
	773	400
	772	200
	771	1,300
	770	100

＜見せ版＞

売数量		買数量
4,800	780	
12,000	779	
24,800	778	
5,200	777	
4,800	776	
1,300	775	
	774	1,200
	773	400
	772	200
	771	1,300
	770	100

板情報は、個々の銘柄ごとに「いくらで何株の注文（買い・売り）が出ているか」を表示したもの。

＜見せ板＞
買い注文数に対して、売り注文数が極端に多いと株価は上がりにくくなる。その現象を利用して、売る意思もないのに厚い売り板をブラフ的に見せて株価を抑え込む手法がある。その売り玉に向かって買い進もうとすると、たちまち売り板は消え、それがブラフだと分かる。

以前なら、これを人間が考えながらやっていたので、見る人が見れば、何が起こっているのか想像することも可能だった。私もそういう板読みのテクニックを磨いて、少々は勝てていた時期もある。

ところが、10年ほど前からアルゴリズムを使った超高速売買が幅広く使われるようになった。先ほどの売り+買いを超高速に機械的に処理し続けるので、人間の目では、何が何だかさっぱり分からなくなった。しかも、近年ではそのようなアルゴリズムの中に、前述の行動ファイナンス理論が取り入れられ、心理的なダメージをわざと与えるようにプログラムされているという噂もある。絶望、不安、不満、あるいは、希望、安心、有頂天。そのような心理を巧みに利用することで間違った行動を誘発するのである。

④AI

この数年さらに大きな変化があった。AIの登場である。AIは過去の取引データから勝ちパターンを学習し、機械的に売買を実行する。当然、過去人々が行ってきた行動ファイナンスに基づく投資スタイルや、ブラフや相場操縦に基づく投資スタイルをすべて学習しているはずだ。人々にとっては心理的に耐えがたい値動きパターンを最も有効な売買パターンと認識して、淡々と冷徹にそれを実行しているかもしれない。

どんなに優秀な短期トレーダーでも、すべての銘柄の値動きを1日中、監視し続けるなんてことは、全くもって無理な注文なのだが、ＡＩならそれも普通にこなすだろう。

それがＡＩの仕業なのか、超優秀な凄腕トレーダーの仕業なのか、あるいは通常の判断による自然な現象なのか、その真偽は確かめられないが、「最近は本当に嫌なことばかりやってくるな…」というのが短期的な値動きに対する私の率直な感想である。以前は人間同士の取引であり、「みんなで一緒にこの銘柄の相場を作っていこう」といった暗黙のルールのようなものを共有することもあった。ところが、そのような人間的な思惑をことごとく潰すように機械的な売買が絶妙のタイミングで繰り出されるのである。

もちろん、それが株式市場全体の効率化に役立ち、経済を良い方向に誘導しているというのであれば納得もできるのだが、企業の成長性や本質的価値などお構いなしに、心理戦を勝ち抜く方向にだけ進化しているとしたら、人類にとって害悪と言わざるを得ない。

話は少しそれるが、AIがテロや犯罪に利用されるようになった時を想像すると空恐ろしい。AIは手加減を知らないし、疲れも知らない。人間を1人でも多く殺すよう学習させられたなら、人間の心理や行動パターンを適切に認識して淡々と殺戮を繰り返すだろう。AIの暴走をどう止めるか？　人々はこの問題に真剣に向き合う時期に来ていると思う。株式市場におけるAIのふるまいはその前哨戦といえる。本格的な分析と議論を始めるべきだろう。

理由はともかく、実際に株価の動きを1日中追い続けると、あなたはひどく疲れることになる。上がってほしい時はじりじりと停滞して、なかなか株価は上昇してくれず、逆に一度上がりだすと、あなたの想像をはるかに超えて大上昇してしまう。それに驚いて慌てて買い注文を入れた途端に、今度は驚くほど下がってしまう。まるであなたの心を完璧にとらえる魔術師相手に1対1でポーカーをやっているような気分になるだろう。「短期的にうまいことやって、ちょいとお小遣いでも稼いでやろう」などと軽い気持ちでトレードを始めてしまうと、精神的にも金銭的にも大ダメージを喰らうことになる。

株は短期的にはネズミ講と似ている

さて、1日のうちに何度も株価をチェックし、その原因をSNSやネット掲示板で探り続けるという（広く普及している）株の楽しみ方は、残念ながら、あなたを楽しませるどころか不幸にしてしまうということがお分かりいただけただろうか？

こんなことを続ける生活は、例えて言うなら、最悪の愛人と毎日生活を共にするようなものだ。あなたを騙し、感情を揺さぶり、カネを奪い取り、時間をムダにさせ、しかし、あなたを虜にし続ける。親の立場なら、最も適切なアドバイスは「その人とは、さっさと別れなさい」ということになるのだが、縁を切りたくても切れない事情が存在する。いつまでもいつまでも、場合によっては取り返しのつかないレベルまで、この愛人の元に足を運んでお金を払い続けるのである。

まず、あなたは心のどこかで、「株というものは、人気化する直前、もしくは人気化の初期段階に購入すれば、人気が拡大するとともに利益も膨らみ、人気がピークを迎える直前に売却できれば、大儲け。そこで上手に売ることができなければ、その直後に大暴落が待っていて、あっという間に利益を失う」ものだと思い込んではいないだろうか？

確かにそういう側面は存在する。株は短期的にはネズミ講と似ている。何でもよい。何か株が上がりそうなネタを最初に見つけた人間がその株を買い、次にそれを知った人が同じ株を買い、その次に知った人がその株を買う、といった具合に、情報の波及とともに買いが膨らみ、株価が上昇するという短期構造を持っている。この構造は素人目にも分かりやすく、直感的に理解できる。

しかも、その最終局面はとてもドラマチックだ。その情報がその企業の将来に対してとても重要なものだろうが、さして影響のないものだろうが、とにかく、広く知れ渡った時点で、突如、株価は下がり始める。その下げ方はとても急であるため、人々は恐怖を感じて、売り始める。これまで買っていた人が手のひらを返したように売りだすと、さらに下げは加速する。誰の目にも少しでも早く売り抜けた方が「まだマシ」に感じられるため、そこからは売りが売りを呼び大暴落だ。

株を始めてみると、すぐにこの仕組みだけは理解できるので、少しでも早く重要な情報を手に入れようと、SNSやネット掲示板を確認し続け、株価の変化を注視し続けるようになる。そして、どこかでバズっている（話題が急激に広がっている）情報を見つけると、大急ぎで飛び乗るように買いを入れ、情報が全員に行き渡ってからでは手遅れとなるので、少し上がったらすぐに売り抜けて、確実に利益を手にする。仮に100万円投資し、そのやり方でうまく3％ほどの上昇をとることができれば、3万円を手にすることになる。その期間は長くて数日間。場合によってはほんの数時間だ。

あなたの脳内は快楽物質であるドーパミンに満たされ、再び、同じ興奮を欲するようになる。うまく初期段階で株を買える機会は少ないが、それでも3回に1回くらいは勝つこともあるだろう。そうすると負けた時の悔しさの反動も加わって、より強く興奮を欲するようになり、次第に、中毒化、依存化していく。アルコール依存症やギャンブル依存症と同じで、回数を重ねるごとにさらに強い刺激を求めて、より投資金額は大きくなり、場合によっては家族に内緒で借金をして、つまり信用取引で株を買うようになる。一方で投資スタイルはSNS情報や株価情報だけを根拠とした勢いとタイミングだけの短絡的なものとなり、そのジャンルで熾烈な競争を生き抜いてきた凄腕短期トレーダーやＡＩの格好の餌食となる。

このように書いてしまうと、もはや個人投資家レベルで株式市場に打ち勝つなど不可能に思えるかもしれない。株式市場などに近づくべきではないと感じる人も多いだろう。私もそう思う。ただし、それは心理戦に限っての話である。

小まとめ

- 株価を頻繁に見続けると、損失回避バイアスの影響を受けて、勝っていても負けた気分になる。
- アンカリング効果によって、誰かが考えた根拠薄弱な目標株価を見てしまっただけで、あなたの目標株価も変化する。
- ＳＮＳと株価情報を頻繁に見続けながら短期トレードを続けると、中毒化・依存化し、人生を台無しにするリスクが高まる。

第2章

バイ＆ホールドが有効な理由

2-1 オーソドックスなスタイルこそが勝利への近道

偉大な投資家のスタイルで情報の泥沼から抜け出す

情報の泥沼にどっぷりつかり、心理戦の勝ち方を1つ1つ学び、それに精通していくことで、まるでAIのように心理的な癖やバイアスを克服する。これも株で勝つ1つの方法だろう。この方法で成功を収めている短期トレーダーがいるのは事実だ。ただ、私はお勧めしない。おそらく、大半の個人投資家はこの方法では負け組となる。生命の生存本能に由来する心理的な特性を不屈の努力だけで克服するのは極めて難しく、むしろ、それを逆手にとって攻める側に回った方がよっぽど有利だからだ。

だったら、彼らと一緒になってウソ情報やハッタリ情報を流しまくって人を騙しながら勝ちを拾いに行く手があるじゃないか…。

そう考える読者もいるだろう。なるほど。勝ちを目指すという点からは、なかなかいいアイデアだ。行動ファイナンスを解説する本やネット記事の中には、人々の心理的弱点をどう利用して、どう攻めるかといった論点で書かれているものも少なくない。そういう情報を読み込んで攻撃に拍車をかけるわけだ。逆にどうやればそのような心理的弱点を克服できるかという防御的な論点で書かれた解説書はほとんど存在しない。「そういう弱点があるから気をつけろ」程度の解説である。圧倒的に有利と言える。

ただ、そんな人生ってどうなんだろう？　家族や自分に誇れる人生と言えるだろうか？　人を騙してでも金儲けしたいというのであれば、老人を騙してカネを巻き上げる特殊詐欺と何ら変わらない。また、そういう投資家ばかりが増えてしまうと、株式市場の価格調整機能は失われ、ネット上はウソ情報とゴミ情報であふれかえり、遂には資本主義システムが崩壊してしまうだろう。

人々の心理的弱点を突き、人々を苦しめながら勝つ以外に方法はないのか？　全く違う視点から、全く違う勝ち方は存在しないのか？

まっとうな人間なら、そう考えたくなるだろう。幸いにも、心理戦の泥仕合を避け、小高い丘の上から泥沼めがけて大砲をぶち込むような、そんな爽快な投資法が存在する。業績の伸びと割安さの両面から投資対象を分析し、3～5年、あるいはもっとロングスパンで勝ちを取りに行く、バイ&ホールド戦略だ。ウォーレン・バフェットやピーター・リンチ、あるいはジョン・テンプルトンといった米国の偉大な投資家が提唱してきた、極めてオーソドックスな投資スタイルである。

「はあ？バイ&ホールド。ただの買い持ち…」。この言葉を聞くとあくびが出てしまうトレーダーも多いだろう。退屈極まりない響きだ。

一度買ったら、少々上がろうが下がろうがそんなのお構いなしでただ保有し続ける。前日のニューヨークの値動きも、突然、飛び込んできた要人の発言も、SNSで共有される最新の注目テーマも全く気にしない。ただひたすら長期投資するに値する銘柄を探し続け、それを見つけたら、あとはそれをまとめ買いして、よほどの問題が起きない限り、ずっと保有し続ける。当然、心理戦を避けることも可能だし、短期的な需給要因とも無関係だ。この方法なら泥沼の泥仕合からは抜け出すことができる。

けど、そんな旧式兵器が現代の情報戦で本当に通用するのか？　そんな疑問もあるだろう。しかし、大多数が将来性を無視した心理戦や需給戦に明け暮れていることこそが原因となって、逆に、将来性に着目した長期投資にはチャンスが広がるばかりだ。

まず、この章ではなぜバイ&ホールドが有効なのか？　その理由を探っていきたい。

企業努力が表れるEPSに注目する

株価はＥＰＳ（1株当たりの当期純利益）×ＰＥＲ（株価収益率）という単純な数式で表すことができる。例えば、株価が１２００円であったなら、ＥＰＳ１００円×ＰＥＲ12倍とか、ＥＰＳ60円×ＰＥＲ20倍といった具合に株価をＥＰＳとＰＥＲの２つに因数分解できるのである。

念のため説明すると、ＥＰＳは、その企業の株数（発行済株式数）で当期純利益を割った金額である。例えば株数が２億株、当期純利益が１００億円であれば、ＥＰＳは50円である。

PERは株価をEPSで割った値といえるが、「株式時価総額が当期純利益の何倍にあたるか」を示す指標とも言える。これは将来の成長期待や市場からの評価といった人々の期待の大きさを表す（詳しくは補足解説01参照）。通常、この数字が30倍とか40倍といった大きな値だと、それだけ人々の期待は大きく、8倍とか5倍という小さな値だと、それだけ人々の期待が小さいと判断する。

前章で長々と書いた心理戦は主にこのPERに変化を与える。「PERは何倍が正解なのか？」といわれても、実のところ、正確には誰も答えられない。人によってはその企業の成長性は乏しいと判断して8倍を主張する人もいるし、成長性を信じる人は15倍でも安いと感じている。そのような未来に対する評価の違いが存在するため、売買が成立し続けるのだ。

しかも、そのような高いとか安いとかという判断基準は、合理的に算定されているようであって、そうでもない。多かれ少なかれ心理的な影響を受け続ける。そこで、近年、心理学の急速な発展と相まって、人々の心に直接働きかけて誤った行動を誘発し、株価を操作しようという企みが活発化しているのだ。

図表7　EPSとPER

株価＝ EPS × PER

EPS（Earnings Per Share、1株当たり当期純利益）
＝当期純利益÷株数

PER（Price Earnings Ratio、株価収益率）
＝株価÷ EPS

株価はEPS×PERという数式で表すことができる。例えば、株価が1200円であったなら、EPS100円×PER12倍とか、EPS60円×PER20倍といった具合に、株価をEPSとPERの2つに因数分解できるのである。

EPSは、その企業の株数（発行済株式数）で当期純利益を割った金額である。例えば株数が2億株、当期純利益が100億円であれば、EPSは50円である。

PERは株価をEPSで割った値といえるが、「株式時価総額が当期純利益の何倍にあたるか」を示す指標とも言える。これは将来の成長期待や市場からの評価といった人々の期待の大きさを表す。

一方、EPSは企業の努力によって変化し、業績が拡大するとともに増大し、業績が悪化するとともに縮小する。先ほどの例でいくと、昨年のEPSが100円だったものが、今年120円に増加し、さらに来年は150円と元の100円と比べて50%増加すれば、仮にPERが12倍前後のまま推移した場合、株価も50%程度の上昇が期待できる。

PERと違ってEPSは厳然と事実を刻み続けるため、どれほど心理戦を仕掛けてもその数字自体は変化しない。バイ&ホールド戦略では、このEPSに強く着目することで、心の平穏と株式投資によるリターンの獲得を目指すのである。

予想のコツは「幅を持たせること」

もっとも、この投資法には心理戦とはまた別な難しさが存在する。未来予測という難題だ。未来は不確実性に満ちている。来期業績はきっとこうなるだろう。などと予想していても、景気や金利であったり、突発的な天変地異や戦争の影響を受けたり、あるいは主力商品の相場変動や突然の強力なライバルの出現など、未来予測の前提条件が日々変化し続けているため、1年後の今日の天気や気温を言い当てるのにも似て、1年後の企業業績をピンポイントで予測することは人間にもAIにも不可能だ。

ただ、例えば、1年後の今日の天候をドンピシャで言い切ることは難しいにしても、ざっくりとした予想なら案外うまくできるだろう。例えば、今日が8月10日だったとして、来年の8月10日の東京の天候は、晴れもしくは曇り(ところによってにわか雨)。最低気温は20~30℃。最高気温は28~38℃。くらいに幅をもたせておけば、かなりの確率で勝ちを手に入れることができる。

台風が来て嵐になるとか、最高気温が40℃を超える熱波が来るとか、最低気温が20℃を下回る冷夏になるとかといった極端な天候になる可能性も0ではないが、過去30年間の8月10日の天候や近年の気温上昇の傾向を考慮すれば、8割方勝ちを手に入れられるはずだ。

同様に企業の将来業績についても、しっかりと分析を行えば、8割方当たるだろう予想範囲を設定することができる。その予想範囲の中心点が今の企業の実力と比べてどれだけ上方にあるか?といった成長性に着目するのである。

この将来EPSを予想するのには、ちょっとしたコツがある。1年後の業績をピンポイントで予想するよりも、3～5年後くらいの範囲を設定し、「おそらくこのくらいの業績を叩き出せるだろう」といった、かなり幅を持たせた予想をする方が勝ちを手にしやすい。

大半の投資家は1年以内の企業業績を予想しているため、同じ目線で1年以内の予想をしても到底市場に勝てるものではない。ところが、人々が1年以内に焦点を合わせるがゆえに、3～5年後に対してはまるでピントが合っていない。

例えば、非常に競争力のある企業が1年半後に大型工場を立ち上げ、3年後には売り上げが2倍になる計画を立てているものの、目先は大した伸びが見込めないうえ、大型工場の立ち上げにコストがかかり、冴えない業績予想を出しているといったケースだ。この場合、市場が目先の業績低迷を理由に低評価を下していたとしても、3～5年後の売上倍増に8割方の確信を持つこともできるだろう。

もちろん、そのためには生産が2倍になってもそれだけのニーズが存在するかどうかなど様々な予想をする必要はあるのだが、幸いにも株式市場の参加者の大半はそこまでの予想をしようともしない。そんな面倒なことをして、ずいぶん先で儲かる方法を考えるくらいなら、もっと別な銘柄でもっと手っ取り早く、短期間に儲ける方法を考えるからだ。

ちなみに3～5年と幅を持たせるのは、例えば、先ほどの例でいけば、工場の立ち上げには成功したものの急な供給拡大に販売体制が整わないとか、逆に販売体制は万全なのに工場の初期トラブルでなかなか生産が上がらないなどの問題は往々にして起こり得るからだ。その企業の事業計画では3年後の売上倍増を予想していたとしても、少々は余裕を見た方が良い。そうすることで、むしろ成功確率を高めることも可能となる。

3年後の予想が外れたとしても、その2年後に様々な問題を克服し、売り上げが倍になって株価も倍になってくれるなら、それはそれで構わない。そんな余裕と割り切りが必要なのである。

小まとめ

● 短期視点と長期視点で企業の価値が異なって見えることがある。
● そういう現象を逆手に取って長期投資することで大きな成果につながる。
● 5年以内のどこかのタイミングで2倍になることを前提に投資するのであれば、それほど厳密な予想は必要ない。

2-2
大多数とは逆方向を見る

超人気株は相手にせず、不人気株でハイパフォーマンスを狙う

このように、バイ＆ホールド戦略で勝ちを手に入れるためには、ＥＰＳ予想における時間的なピントのズレを利用するのが有効といえるが、もう1つ、ＰＥＲの判断についても、勝ちを押し上げる根拠が存在する。ピーター・リンチは次のように言っている。

「私が何より避けたいのは、超人気産業のなかの超人気会社である。（中略）人気産業を次々と追いかけて投資したりすれば、すぐに生活保護のお世話になるだろう」（『ピーター・リンチの株で勝つ』ダイヤモンド社）

私もピーター・リンチに倣って、人気企業ではなく、不人気企業に多く投資して

きた。市場ではなかなか話題にも上らない、冴えない企業を買っておくと、時間が経過し実績を積み上げるにしたがって、次第に市場から正当な評価を受けるようになる。これにより低評価から高評価への変貌によるPERの上昇が期待できるのである。

大多数が投資する人気企業には目もくれず、大多数が相手にしない母集団にばかり賭ける行為は、当然のことながら、市場平均からはかけ離れた結果を与える。理屈から言うと、極端に失敗するか、極端に成功するか、そのどちらかの可能性が高まる。ただ、既に見向きもされない不人気企業がさらに不人気になる可能性は低く、しかも、実力があって業績が上向いているような状況では、市場平均以上に勝ちを手に入れられる可能性の方が高くなる。

反対に長年業績が拡大し、人気が人気を呼び、既にとても高評価を得ている企業への投資は危険だ。人気か業績のいずれか一方、もしくはその両方が突然崩れるリスクがある。私は、そのような株への投資を避けてきたし、もし保有株がそういう状況になったなら、早めに売却することにしている。

この戦略がうまくいく根拠は、統計学で言うところの「平均への回帰」だ。平均への回帰とは次のような傾向を指す。

ある特徴的な集団、例えば、昨年、絶好調だった野球選手や絶好調だった企業、あるいは反対に、前回のテストの成績が普段と比べて極端に振るわなかった絶不調の学生ばかりを集めて、その後の成績や業績を調べると、絶好調だった野球選手や企業は翌年以降、以前ほどの結果を残せないケースが多いのに対し、前回、結果が振るわなかった学生は次のテストで成績を回復させるケースが多い。このように正にせよ負にせよ一時的に極端な結果を残した集団は、その後の成果が平均値に近づく現象を、平均への回帰あるいは平均回帰という。

つまり、不人気側・不運側に平均値から大きく外れた銘柄ばかりを投資対象とすることで、市場平均以上のパフォーマンスが狙えるのだ。

「悲観の極みは最高の買い時である」

同じ理由で、暴落直後に買いの勝負を入れるのも効果的と考えられる。リーマンショックやコロナショックなど、株価が大暴落し、人々が株を手放している最中に、私はむしろ目を皿のようにして、有望株探しに専念した。暴落時には、人々の理性的な判断は失われ、場合によってはパニックを起こし、市場の適正な価格形成機能が一時的に失われる。そのため、そこら中で普段ではあり得ないバーゲン価格が出現する。

プロが運用する投資ファンドがパフォーマンスを落とすのは決まってこういう時である。決してプロの方々の能力が低いと言いたいわけではない。私同様、プロの目からも当然「買い」と映っている状況だろう。ところが、不安のあまり、客であるファンド購入者からの解約が相次ぐし、そのファンドが借り入れを使ってレバレッジを効かしている場合は、資金確保の観点から保有株を売却せざるを得なくなるため、本当は「買いだ」と判断していても売らざるを得ない状況に陥ってしまうのである。

パニックにせよ、レバレッジの解消にせよ、大多数が売りに動いている時に買い向かう行為が有効なのも平均回帰から説明がつく。そのような極端な状況の後には、普段通りの未来がやってくる可能性の方が高いのだ。

このような考え方はピーター・リンチも提唱しているが、私はジョン・テンプルトンの影響を強く受けている。相場格言にもなっている、彼の有名な言葉をいつも思い出し、恐怖を克服しながら買い向かってきた。

「強気相場は悲観の中で生まれ、懐疑の中で育ち、楽観とともに成熟し、陶酔のなかで消えていく。悲観の極みは最高の買い時であり、楽観の極みは最高の売り時である」（『テンプルトン卿の流儀』パンローリング）

総悲観と言うとマーケット全体を覆うパニックやショックを思い浮かべるだろうが、個別にみても、何かしらの原因で一時的に業績を悪化させ、総悲観の極みに至るケースがある。ここにも平均回帰の観点からチャンスが存在する。一時的にアンラッキーに見舞われた銘柄は、その後もアンラッキーが続く可能性より、前よりマシになる可能性の方が高いと考えるのだ。この考えもジョン・テンプルトンから学んだ。

「皆、私に見通しが有望な銘柄はどれかと聞く。だがその質問は間違っている。本当は、見通しが一番暗い銘柄を聞かなければならないのだ」（同）

人気株ばかりを追いかけて短期トレードを繰り返している人が読むと、「何を言ってるんだ?」と首をかしげたくなるだろう。「見通しの良い銘柄ではなくて、見通しの悪い銘柄が上がるなんて」。この逆説的な発想は人間の直感に反する。そのため、多くの個人投資家は、実力ある人気企業がさらに業績を伸ばし、人気を維持し、業績が拡大し続ける方に賭けるのである。

もちろん、アマゾンやアップルのように何年もそんな人気に実力で応え続ける企業もあるが、ほとんどのケースでは、その逆となる。ある日突然悪いニュースが流れ、人気は離散し、株価は暴落する。大多数と動きを合わせてしまうと、この動きの繰り返しとなり、パフォーマンスは平均並みかそれ以下になってしまう。マイナス方向への平均回帰が発生するのである。

小まとめ

- 多くの人が見向きもしない投資対象や、多くの人が売りに回るタイミングで買い向かうことにより、市場平均とは異なる結果を手にすることができる。
- その場合、統計学でいう平均回帰によって成功する可能性が高まる。
- 同じ理由で、人気企業や絶好調企業ばかりを追いかけると、逆にパフォーマンスを落としてしまう。

2-3 空売りと比較した場合の優位性

株価の上値は青天井、下値は限定的

平均回帰が正しいとすれば、株価が行き過ぎた高値にある場合に空売りをする戦略も正しいと言える。実力ベースで評価すると1000円程度が妥当な銘柄が5000円もの値をつけているとする。おそらく、人気が人気を呼び、「上がるから買う、買うから上がる」のお決まりのパターンで、このような異常水準まで上がってしまったのだろう。そこで信用口座を開設し、その株式を5000円で借りてすぐにそれを売る。人気が剥落し、人々が冷静になれば、本来の実力の1000円レベルまで株価は下がるはずだ。狙い通りそうなれば、この株を買い戻して借りていた株式を返済することにより、5000円－1000円＝4000円の儲けが出る。もし1000株借りていたなら4000万円の大儲けだ。

相場全体が活況を呈してくると、割安な有望株なんて簡単には見つからない。逆に異常なレベルに割高な銘柄は相当目につくようになるため、一部の個人投資家は、平均回帰に期待して、このような空売り作戦を始めるのだ。

ただし、そう簡単には勝たせてもらえない。割安方向については限界が存在する。株価はいくら下がっても0円を超えてマイナスにはならない。考えられる限り最悪の展開になったとしても、1000円で買った株の損失は1000円に限定される。もちろん、持ち株の価値が0になってしまったら大ダメージには違いないが、さらに追い銭を支払うリスクはない。

ところが、高値方向に限界は存在しない。5000円が割高だと思って空売りしてみたら、さらに人気が人気を呼び、2万円になってしまう、ということも十分に起こり得るのだ。

もっというと、空売りが多い銘柄ばかりを狙い撃ちで買い進めるショートスクイーズと呼ばれる投資戦略も存在する。そのような戦略を得意とする投資集団に目をつけられ、無理やり株価を吊り上げられると、売り玉（信用取引で借りている株式）を高値で買い戻さざるを得なくなり、その買いによって、さらに株価が上昇し、さらに人気化してしまう。いわゆる踏み上げ相場だ。こういうのに巻き込まれると、手元資金を大きく超えて損失を出してしまい、それまで一生懸命に積み上げてきた財産を一発で失うことにもなりかねない。

ゲームストップ株の事件

ショートスクイーズと言うと、2021年1月に米国のゲームストップ株が大暴騰した事件を思い出す人も多いだろう。ゲームソフトの実店舗販売を主とする同社は、オンラインゲームに顧客を奪われて業績が低迷していた。これに目をつけたヘッジファンドが大量の空売りを仕掛けたところ、SNS上でその情報を共有した個人投資家が、次々と彼らの買い戻しを狙って買い注文を入れ始め、過去に例を見ない大相場となった。「大金持ち（ヘッジファンド）をやっつけろ」などと呼びかけられると、所得格差に対する不満などから、ロビンフッターと呼ばれる投資初心者らが次々とそれに呼応し、株価を吊り上げていった。

空売りをするには証拠金といって、いつでもその株を買い戻せるだけの資金力があることを貸し手に示す必要がある。ところが借りた株が予想に反して大きく上昇してしまうと、その証拠金が不足するため、貸し手から証拠金を積み増すよう請求

図表8　ゲームストップ株の大暴騰

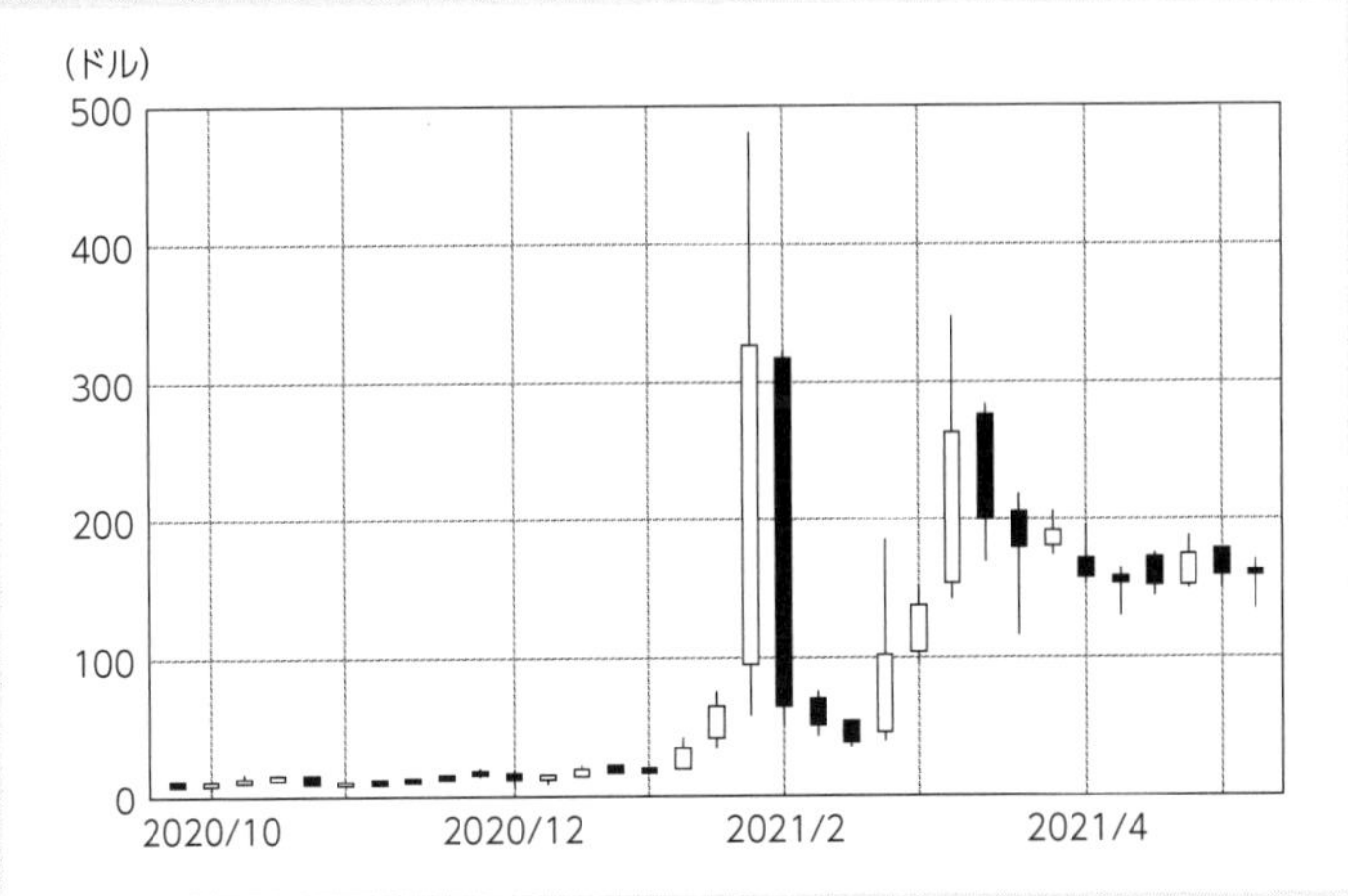

2021年1月に米国のゲームストップ株が大暴騰した。ヘッジファンドが大量の空売りを仕掛けたところ、個人投資家が次々と彼らの買戻しを狙って買い注文を入れ始め、過去に例を見ない大相場となった。SNS上での「大金持ち(ヘッジファンド)をやっつけろ」という呼びかけに対して、ロビンフッターと呼ばれる投資初心者らが呼応し、株価を吊り上げていった。結局、大手ヘッジファンドは空売りからの撤退を余儀なくされ、その買い戻しも加わって、12月には20ドル近辺で推移していた株価が翌1月には400ドルを超える大上昇を演じ、世界的なニュースとなった。

が届く。ゲームストップ株はあまりに急激であまりに大幅に株価が上昇したため、大手ヘッジファンドといえども資金繰りがつかなくなったのだろう。結局、撤退を余儀なくされた。かくしてヘッジファンドの買い戻しも加わって、12月には20ドル近辺で推移していた株価が翌1月には400ドルを超える大上昇を演じ、世界的なニュースとなった。

もっとも、これは極端な例として世間の耳目を集めただけであり、小規模な踏み上げであれば、日本市場でも頻繁に目にする。

割安株には買い手が現れる

上昇方向は青天井だが、下落方向には0という絶対的な地盤が存在するという当たり前すぎる事実は、バイ&ホールド戦略を有利にする。それに、そもそも割安株に対しては複数の観点から複数の買い手が存在するため、倒産しない限り0にはならない。

買い手の1つは日ごろからひたすら割安株を探しているバリュー投資家だ。人気がないにせよ、相場操縦的に株価を叩き落されたにせよ、それによって価値ある会社を割安に買える状況が生まれれば、同じようにバイ&ホールド戦略を採用する長期投資家のまとまった買いが入るのでどこかで必ず下げ止まる。

場合によっては、その会社の経営陣による買いも期待できる。自社株買いやMBOだ。MBOとは「あまりに株価が低すぎる。こんなにも市場から評価されないのであれば、上場し続ける意味がない。公開されている株を全部買い戻して非上場にしてしまおう」などと現経営陣が行う企業買収を指す。私も、割安株ばかり狙って株を買うため、何度か投資先企業がMBOされて非上場になった経験がある。本当は数倍高を狙っていたのに50％ほどの上昇で売らざるを得なかったのは残念だったが、0よりもずいぶん上に地盤があることを体験的に理解できた。

さらにはモノ言う株主や仕手筋の買い占め、あるいは敵対的企業からの買収提案など、極端な割安株を保有していると、心理戦とは全く別の視点から様々な買いイベントが発生する。そのことを空売りトレーダーもよく知っているので、いつまでも心理戦を仕掛けて株価を下げ続けることはできない。

一方で、割高方向については、どれほど上がっても、そのような特別な視点から売ってくるプレイヤーはほとんど存在しない。空売りプレイヤーか、現在株を保有している投資家が売ろうと思わない限り、どこまでも上がる可能性がある。唯一、「そのように高く評価してもらえるなら」と、企業が新たに株式を発行して市場に売りに出すケースは存在するが、企業側も株価が高い状態を維持したいため、相場を台無しにするような大量の増資は好まない。結局、心理戦と需給戦がいつまでも続き、もうどうにも新たな買い手が出現しなくなるまで上がりきって、ようやくバブルは弾けるのである。

小まとめ

- 株は高値方向には制限がないが、下値方向には0円という絶対的地盤が存在する。
- 割安株には様々な視点からの買い手が存在する。
- 踏み上げ相場になると企業の実力をはるかに超えて、大きく上昇することがある。

株式市場はバイ＆ホールドに有利にできている

空売りやデイトレーダーといったバイ＆ホールドの反対側の投資法を検討することで、優位性や弱点を探るという発想は悪くない。

そのような視点から、さらに空売りの弱点を検討すると、踏み上げリスクに加えて、もう1つ大きな注意点があることに気づく。バイ＆ホールドと異なって、空売りにはそれほどの時間的余裕がない。株を借りている期間中ずっと貸株料を支払い続けなければならないからだ。年数パーセント程度のことだが、それでも3年も5年も借り続けると結構な金額になる。毎年配当が出る銘柄だと、借り手である空売り投資家が株の貸し手に配当相当額を支払わなければならない。

さらに空売りが増えすぎると株の貸し手が不足することから、逆日歩と言われる追加の品貸料を請求されることもある。いつかきっと下がると予想していても、その「いつか」がなかなかやってこないようだと、そういうコストが積みあがってどんどん苦しくなる。そのため、空売りをすると、すぐに心理戦を仕掛けたくなる。

SNSやネット掲示板にやたらネガティブな書き込みばかりが目立つのは、おそらくこのためだろう。

一方でバイ&ホールドはそれが逆に働く。現金で株を買って保有している限り、追加コストはかからないし、長く保有すれば保有した分だけ、安定して配当が入ってくる。仮に配当利回りが3%あったとして、それを5年間保有し続ければ、株価が15%下がったとしてもまだ負けてはいない。


また、短期トレードと比較することでバイ&ホールドの優位性を理解することもできる。頻繁に取引をする短期トレードでは手数料もバカにならない。仮に1回の売買手数料が0・05%(20万円の取引で手数料が100円の場合)だとすると、買って0・05%、売って0・05%で合わせて0・1%。それを毎日やると100日で10%。年間の営業日が245日であれば24・5%の手数料を支払うことになる。

よく短期トレーダーの8割は負けているという話を聞くが、実はこの手数料に負けてしまう人も多い。ピーター・リンチほどの名人ですら年間の儲けは平均して29%なのに手数料だけでそれに匹敵する24・5%も支払いながら、それでも勝ち続けられるデイトレーダーはそれこそ超名人級といえる。

もちろん、最近は少額の取引だと無料で売買できる証券会社も登場しているし、頻繁なデイトレードに対しては一定の金額まで使い放題プランを用意している証券会社もあるので、そこまでハードルは高くないかもしれないが、それでも長期間にわたって何度も何度も取引することによるハンディキャップは大きい。

一方で、バイ＆ホールドは手数料を最小化する。0・05％の手数料を支払って株を購入し、5年間保有して売却時に0・05％支払うのであれば、年間当たりの手数料は0・02％まで下がる。毎日往復で売買しているデイトレーダーと比べると1000倍ものハンディキャップがもらえるのである。

このように長期視点に立てば、株式市場は、基本的にバイ＆ホールド戦略にとって有利なようにできている。短期視点では実にわずかな優位性でも、時間が積み上がるとともにその優位性も積み上がり、小高い丘のようになって、敵を見下ろすことができるのである。

小まとめ

- 反対側の視点を持つことでバイ&ホールドの優位性を知ることができる。
- 長期保有することで、配当をもらい続け、手数料を最小化することができる。
- 時間を味方につけることで、心理戦の泥沼を離れ、小高い丘の上に立つことができる。

第3章

やるべきこと、やってはならないこと

バイ&ホールドで勝つための4つのポイント

第2章ではバイ&ホールドで勝つためのポイントとその理由を説明した。再度、ポイントを簡単にまとめると次の4つになる。

①予想に幅を持たせる
②平均回帰を利用する
③割安株の下値は限定的
④時間を味方につける

この4つを投資原則として忘れないことである。とてもシンプルであり、頭を整理するのに役立つはずだ。しかし、どなたにもご経験があるようにシンプルな基本原則を実践し続けるのはとても難しい。

原則はシンプルでも世の中は複雑だ。様々な悩ましい場面に出会うたびに混乱し、判断を誤ってしまう。いつのまにか4つの投資原則なんてすっかり忘れ、情報戦と心理戦の泥沼に足を踏み入れてしまう。そうならないためにも、本章では4つの投資原則に基づいて、より具体的に詳細について検討したい。

さらに言うと、もっと重要なのは、やってはならないことを決めることだ。受験生を持つご家庭では本人も含めて全員気づくことだが、やるべきことを理解できない受験生はまずいない。受験生が失敗するのは、決まって、動画やゲーム、漫画といった、やってはならないことをズルズルとやってしまうことに起因する。受験で成功する秘訣は、やってはならないことをできる限りやらないことにある。同様に株式投資家もやってはならないことを明確に定めて、そこから距離をおく必要がある。これについてもあわせて検討していきたい。

3-1

予想に幅を持たせる

まず、図表9（『株式市場の本当の話』前田昌孝著、日経プレミアシリーズ）を見てほしい。このグラフは1980年から2020年までの40年間について、その年の最安値で株を買うことができれば、その後10年以内に5倍高になった銘柄や10倍高になった銘柄が全体のどのくらいの割合に達したかを表したものである。

これを見ると、例えば私がブログを始めた2008年から2012年までの5年間については、その年の最安値で株を買うことができれば、40～50％もの割合でその後10年以内に5倍高を達成していることが分かる。さらにいうと全体の15～20％が10年以内に10倍高を達成している。

もちろん、その年の最安値で株を買うのは極めて難しいし、最高値で売り抜けるのも極めて難しい。しかし、5倍高を達成したということは、最安値から25％高く買って、最高値より25％安く売ったとしても、3倍高以上が取れたことを意味する。同じ条件で10倍高の株を選ぶことができれば、6倍以上に財産を増やすことができ

図表9　ファイブバガー・テンバガー銘柄の数

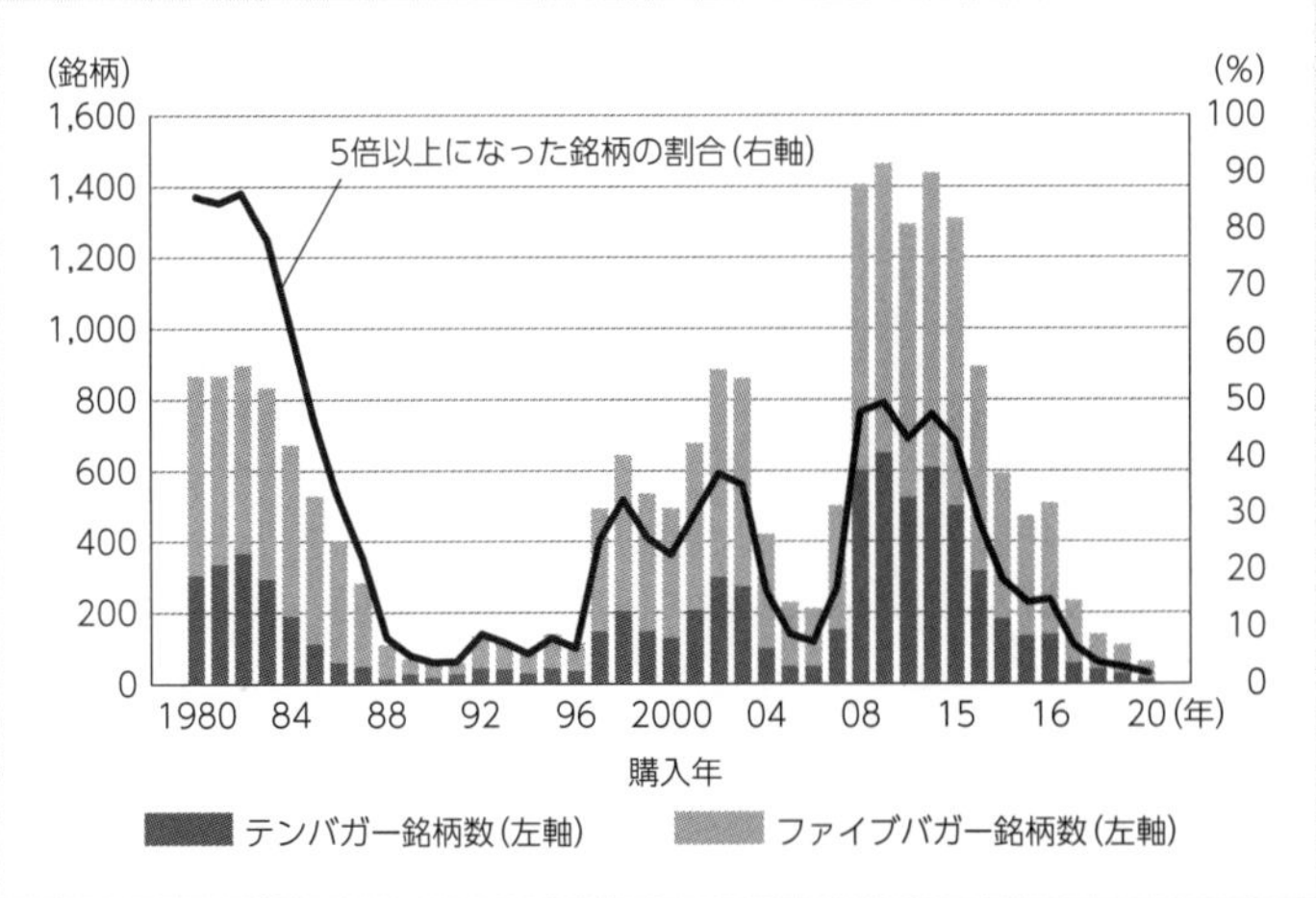

（出所）前田昌孝『株式市場の本当の話』（日経プレミアシリーズ）
（注）対象は全上場銘柄、翌年以降10年間の高値が当年の年間安値の「10倍以上」「5～10倍」になった銘柄数をグラフ化。購入年が2011年の場合は翌年から2021年1月14までの高値への倍率でカウント。権利落ち調整後の年間高値・安値はQUICK

たわけだ。

有名な投資格言に「頭としっぽはくれてやれ」というのがあるが、まさにそれである。

ぜひ、皆さんもその年の底値から25％高く買ってもまだ十分安く買えているという感覚を持ってほしい。大底や大天井といった絶妙のタイミングで売買できる天才になる必要は全くない。それなりに安く買い、十分に時間を用意すれば、非常に多くの企業があなたの期待に応えてくれる。時間を十分に用意せず、すぐに大金持ちになろうとするから、あなたの期待とは反対側に株価が動いてしまうだけなのだ。

目標は「3～5年で2～3倍高程度」に設定

私の経験則で恐縮だが、まずは「3～5年で2～3倍高程度」を目標に設定し、実際に株を保有してみよう。その上で想像以上に業績拡大するようなら、それ以上の期間、例えば7年とか10年とかという長期スパンで保有を継続して、5倍とか10倍といった大上昇を狙うのが良いだろう。そのようなスタンスなら力みなく自然に戦える。

図表9のデータは10年以内という時間軸が設定されているが、目標設定段階で10年という時間軸は長すぎる。最初からあまりに先の未来まで時間軸を伸ばしてしまうと、現実とかけ離れた空想や妄想の世界に入り込んでしまう。時間軸は「3〜5年」、目標上昇率は「2倍以上」。このくらいの目標であれば、投資対象はかなりたくさんあるし、成功した場合のリターンも十分である。

予想すべきは「いつ上がるか？」ではなく「いつか上がるか？」

ただし、このようなざっくりとした数字であっても、期限と数値目標を設定してしまうと、そこから逆算して、毎年25％ずつの上昇をマイルストーンとして置きたくなる人が出てくるし、もっと細かく毎月2％上昇を短期目標にする人も出てくる。真面目なビジネスパーソンは皆このような厳密な数値管理に慣れ過ぎている。

ここで重要なのは、株式投資に関して言えば、目標に向かって一直線に進む必要はないということである。3年後に必ず2倍にならなければならないとか、1年後には最低でも25％株価が上昇しなければならないという話ではない。株というものはそのように律儀な動きをしてくれない。買った直後から1年間下がりっぱなしで

20%も下落した直後に突如大上昇するということも十分起こり得る。よく考えてみると、この場合もその年の最安値から25%だけ高く買ったことを意味し、当初目標から遠ざかっているわけではない。先ほど説明したようにその年の最安値から25%しか高く買わないのであれば、十分に3倍高は狙えるし、5倍高以上になる可能性もかなりある。

非常に多くの投資家が次の四半期決算に注目し、「コンセンサスに届かなかった」とか「上方修正が出なかった」とかいった理由で10%とか20%とかの下落を喰らっては大慌てで株を売却してしまう。それでは長期投資は続かない。「そんなの誤差の範囲だ」と最初から腹をくくるのである。

実際、どんな順調な企業でも、すべての四半期決算で投資家の期待に応え続けるなどあり得ない。主力商品がモデルチェンジの端境期にあるだとか、たまたま大型案件の受注を逃したとか、稼ぎ時に長雨が影響して業績が振るわなかったとか、様々な理由で短期的な業績は揺れる。

しかし、長期的なビジョンを持ち、そこに向かってプロ中のプロたちが知恵を絞り続けるような企業であれば、大抵の場合、長い目で見れば困難を克服し、いつかどこかで必ず株価も上昇してくれるものである。

要するに、「いつ上がりだすか?」を予想する必要はない。「いつか上がりだすか?」を予想しさえすればよいのである。

機械的な損切り（ストップロス）はやってはならない

当然のことながら、このような時間設定をした時点で、機械的な損切り（ストップロス）はやってはならないことに区分する必要がある。損切りは、短期トレーダーの間では最も重要なテクニックとして推奨されており、あなたも多くの投資本や投資サイトで「何はともあれ、損切りだけは徹底せよ」と教え込まれたことだろう。ところが、バイ&ホールドでは、損切りはやってはならない悪手となる。

損切りとは、信用取引などで大きくレバレッジをかけて勝負する場合に、思わぬ大ダメージを喰らわないため、たとえば買値から10%下がった場合とか、高値から10%下がった場合に無条件に機械的に売却するように設定することである。ほとんどの証券会社でそのような売却注文を設定できる。

ところが、最初からそのような短期的な値動きを無視する前提で長期投資をするバイ&ホールドでは、損切りはデメリットしか得られない。

考えてもみてほしい。まず、損切りを設定した時点で、その株の長期保有は絶望的だ。3〜5年間もの長期間において、下方向の値動きが10%以内に収まり続ける株など存在しない。

また、その損切りを狙って、相場操縦的に株価を下げさせる「ストップ狩り」は今や短期トレーダーたちの基本テクニックといえる。自分を守るために設定したつもりの損切り基準こそがターゲットになって無理やり損切りさせられる。あなたは、せっかくの有望株をわざわざ安値で手放すことになる。

バイ&ホールドと損切りの関係は、全く整合性のとれない戦略と手段の関係と言わざるを得ない。

ということは、損切り設定せざるを得ないほどのレバレッジも、バイ&ホールドとの相性は悪い。多くの個人投資家は1日も早く大金持ちになりたいと願って信用取引に手を出すが、それが短期思考を生み、泥沼への入り口となってしまう。借金などしなくても、2倍とか3倍とかという単位で財産を雪だるま式に増やすことができれば、あなたは十分に金持ちになれる。慌てないことがバイ&ホールドで成功する秘訣なのである。

小まとめ

- 3～5年で2～3倍以上といったざっくりとした目標で長期投資する。
- 毎年何%とか毎月何%といった短期目標は設定しない。
- 損切りはしない。レバレッジのかけ過ぎは禁物。

3-2 平均回帰を利用する

平均回帰を利用する投資法について、私はVE（バリューエンジニアリング）投資法という考え方を提唱している。これについては、前著『エナフン流VE投資法』（日経BP）で詳しく説明しているので、そちらも合わせて読んでいただけると理解が深まるだろう（補足解説02でVE投資法のポイントを解説）。

VE投資法ではEPS（1株当たり当期純利益）と株価の乖離を探す。本来、EPSが拡大すれば株価も上昇し、EPSが低下すれば株価も下落する。この2つは長期的には同じ方向に動く関係にある。

ところが、短期的には様々な理由からそうはならない。株価とEPSの連動が外れ、そこに乖離が発生した時、その後、平均回帰に伴う株価の上昇が狙えるのである。

株価とEPSが乖離し、株価の上昇余地、すなわちバリューが発生するパターンをまとめると図表10の5つになる。

図表10　バリューが発生する5つのパターン

	①	②	③	④	⑤
EPSの変化	➡	⬆	⬆	⬆⬆	⬇
株価の変化	⬇	⬇	➡	⬆	⬇⬇

①EPSは変わらないのに株価が下がった。
②EPSは拡大しているのに株価が下がった。
③EPSは拡大しているのに株価が上がらない。
④EPSは大幅に拡大しているのに、株価の上昇が追いついていない。
⑤EPSは低下したが、それ以上に株価が大きく下がった。

私は仕事で出会った「バリューエンジニアリング（VE）」の考え方を株式投資に応用し、株におけるバリューの発生パターンを整理した。本来、EPSが拡大すれば株価も上昇し、EPSが低下すれば株価も下落する。ところが、短期的には様々な理由からそうはならない。株価とEPSの連動が外れ、そこに乖離が発生した時、その後、平均回帰に伴う株価の上昇が狙えるのである。上記5つのパターンの時に、株価とEPSが乖離し、株価の上昇余地、すなわちバリューが発生していると考える。

人気が離散したにせよ、大暴落に巻き込まれたにせよ、業績さえ拡大していたら、株価の下落や停滞はバリュー発生を意味し、お買い得になるという考えを頭に叩き込んでもらいたい。株価だけ追いかけるから、下がると悲しくなり、上がると有頂天になる。そのレベルからは卒業しよう。

SDGs、ESGは大事だが、資本主義は成長を高く評価する

ただ、この投資法にもいくつか注意点がある。1つには、いくらEPSと株価が乖離したとしても、業績が長期低落傾向にある銘柄は避けるべきだということだ。資本主義社会は成長を高く評価する。

いくら世の中に役立つ企業であっても、それだけでは評価されない。SDGsとかESGとかと言っても、結局、成長してなんぼなのだ。「そんなのおかしい、だから社会がおかしくなる」などと批判しても始まらない。株で儲けたいなら、この現実を受け入れよう。

その前提に立つと、図表10の①~⑤のパターンの中でも、ＥＰＳが上方向を指している②③④が狙い目ということになる。②③④の観点から有望株を見つけることができれば、予定よりもずいぶん早く2倍高を達成することもあるだろう。

もう1つには、バリューの発生パターンを考える場合も時間軸を長めに取る必要があるということだ。例えば、「8月に発表された第1四半期決算がとても良いにもかかわらず、株価が上がらない。これは③ＥＰＳは拡大しているのに株価が上がらないパターンに違いない。早速株を買おう」というように、単発の業績変化だけを見て判断してはならない。たまたま大型の受注があったとか、不動産を売却したとか、一時的な要因によって利益が拡大しただけで、長期的な実力はなんら変わっていない場合があるからだ。その場合、株価は上がらなくて当然だし、もし、上がったとしてもすぐ元の水準に戻ってしまうだろう。

逆に、ＥＰＳと株価は連動しているものの、企業本来の実力と株価が一致しないケースもある。どういうことか。前章でも説明したように、一時的につまずいたからと言って、その企業の実力まで失われたわけではない。より高い成長を目指すために不要な資産や低迷するビジネスを整理した結果、一時的にＥＰＳが悪化してしまう場合などは、短期的なEPSの悪化はむしろ長期的な収益改善につながる。にもかかわらず、EPSと連動して下落した株をうまく見つけることができれば、大きな株価上昇が狙えるだろう。

企業の実力と無関係な一時的な業績変化を見極めるには、決算書の数字を何期分も並べてみて、長期的な成長傾向をつかむことが大事だ。その長期成長傾向と株価の不一致を探すのである。最近は株探などの有料サイトで簡単に長期的な損益変化を確認することができるので、それであたりをつけて、最終的には、その企業の決算説明資料や有価証券報告書等でその原因を確認すると良いだろう。

小まとめ

- EPSと株価の変化を追うことでバリュー（上昇余地）を見つけることができる。
- この投資法では、数年単位の成長傾向を予想し、同時に一時的な業績変動の原因を確認することが重要。
- 四半期単位の短期的な業績変動と株価だけを見て、バリューを判断してはいけない。

3-3

「システム1の頭脳」を封印し「システム2の頭脳」を働かせる

「マーケットもプロも間違える」を前提に考える

割安株の下値は限定的と分かっていても、あるいは業績が良い株はいつか必ず上がると信じていても、現に下がり続けている株を買い向かうのには、かなりの勇気が必要だ。掲示板やSNSはその企業をボロカスに書きたてているし、下がるには下がるなりの理由も存在する。「マーケットは常に正しい。間違えているのはお前の方だ」などと言われると自信をなくしてしまう。しかし、「マーケットはかなり怪しい。頻繁に間違える。プロの言動もほとんど当たらない」という前提で考えて問題ない。

必要なのは、あなたの不安を解消し、勇気を後押ししてくれる重要な支えだ。感覚的、感情的には買いたいと思えない自分に対して、論理的思考に基づくもう1人の自分を登場させ、強い意志で不人気株を買い向かう。これが逆張り投資の醍醐味と言える。

前述した『ファスト&スロー』の中で、ダニエル・カーネマンは、直感的に瞬時に判断を下す脳のシステムを「システム1」、処理は遅いが、物事を順序立てて判断する脳のシステムを「システム2」と呼んでいる。この2つの異なる回路で人々は様々な判断を下しているという。

株価の下落に恐怖し、掲示板やSNSの書き込みに心を動かされ、すぐに売らないとマズいと判断するのがシステム1。業績が良いにもかかわらず、株価が下落する現象はチャンスの到来と判断し、PERや配当利回りからお得感を割り出し、決算資料や中期経営計画から、企業の先行きを分析するのがシステム2である。

大抵の場合、重要な判断を邪魔するのはシステム1の方である。たまたま見かけた怪しい情報を根拠に短絡的な判断を下し、システム2を使って時間をかけて練り上げた長期投資戦略を台無しにする。「あんなに調べて買った株を、何で一時の心境変化で売ってしまったのだろう。まさにこれから急騰が始まろうという、最も売ってはいけないタイミングだったのに…」。こんな経験は誰にでもある。

あるいは、十分に調査をして買った株が、その後予想に反して下がってしまい、1年も経ってからようやく買値に戻ってきたタイミングで、ヤレヤレと売ってしまう経験も多いだろう。しかし、そこに冷静な分析はほとんどない。本人の中ではヤレヤレだろうが、冷静に考えると、お買い得だと思って買った株が、1年の間に業績をさらに伸ばし、さらにお買い得度が高まっている。しかも、いったん底をつけ、システム2に基づいた冷静で腰の据わった長期投資家が買い上がってきたタイミングでもある。

あなたは、いつまでたっても上がってこないこの株にイライラし、その間、ネガティブなことばかり書かれている掲示板やSNSを読んでうんざりし、ついに買い値に戻ったと喜びを感じて、その株を売ってしまうわけだが、そのような直感的で感情的な判断と、企業の本質的価値は全く別物である。

「売りたくなったら、システム2を働かそう!」。これが最も重要なアドバイスである。

もちろん、システム2を働かしても、やはり売りと判断できるなら、売って構わない。しかし、冷静に考えれば考えるほど、全く売るに値しない株だと判断できるなら、何とかここは忍耐力で踏ん張ろう。あなたの勝敗はこういうところにかかっている。

逆に、買う場合についても同じことが言える。SNSで盛り上がっているからとか、掲示板でとてもお得そうな情報を手に入れたからとかといった瞬時の判断で、株を買ってはいけない。常にシステム2を呼び出し、じっくりと企業分析を実施して、その後の投資方針を決めるのである。

「イナゴタワー」の大相場には要注意

ただし、自分がついそうしたくなるのと同様に、大多数の人もシステム1だけで判断を繰り返し、とんでもない大相場を作ってしまうこともあるので要注意だ。冷静な空売り投資家が、素人集団の勢いに負けてしまうこともある。

何か面白い材料が出ると、大量の個人投資家がその銘柄に群がり、短期トレードを繰り返す。その様子が大群で稲に群がり、食べつくすと次の場所に飛び去るイナゴとイメージが重なるため、その集団をイナゴとかイナゴ投資家などと呼ぶ。イナゴの大群の猛烈な買いが続くと、本来の企業の実力を超えて驚くほど急激な上昇を見せるため、ついそちらに目が移ってしまう。しかし、そんな強烈な上昇はつかの間。ある日突然大暴落が始まり、イナゴタワーと呼ばれる極端なチャートを形成する。

こういう株は、バイ&ホールドの対象とは言い難い。「基本、そのような極端な材料株には手を出さない」という心構えを持っておいた方が良いだろう。少なくとも、人気の絶頂にある材料株にノリで突っ込んでいくような行為はご法度だ。バイ&ホールドのフォームを崩すことになるし、おそらく大損する。

また、もし自分が持ち続けている株にイナゴ投資家が群がって大上昇が始まった場合は、システム2を呼び出して冷静に売り抜けよう。バイ&ホールドだから大上昇しても売ってはいけないというルールは存在しない。

十分に上昇すれば、その後の上昇余地は小さくなり、逆に下落リスクは高まる。いったん売却するという判断で構わない。一度に全部売ってしまうのではなく、まず3分の1を売り、その後さらに3分の1、下がり始めてから残りの3分の1と

図表11　イナゴタワーの例

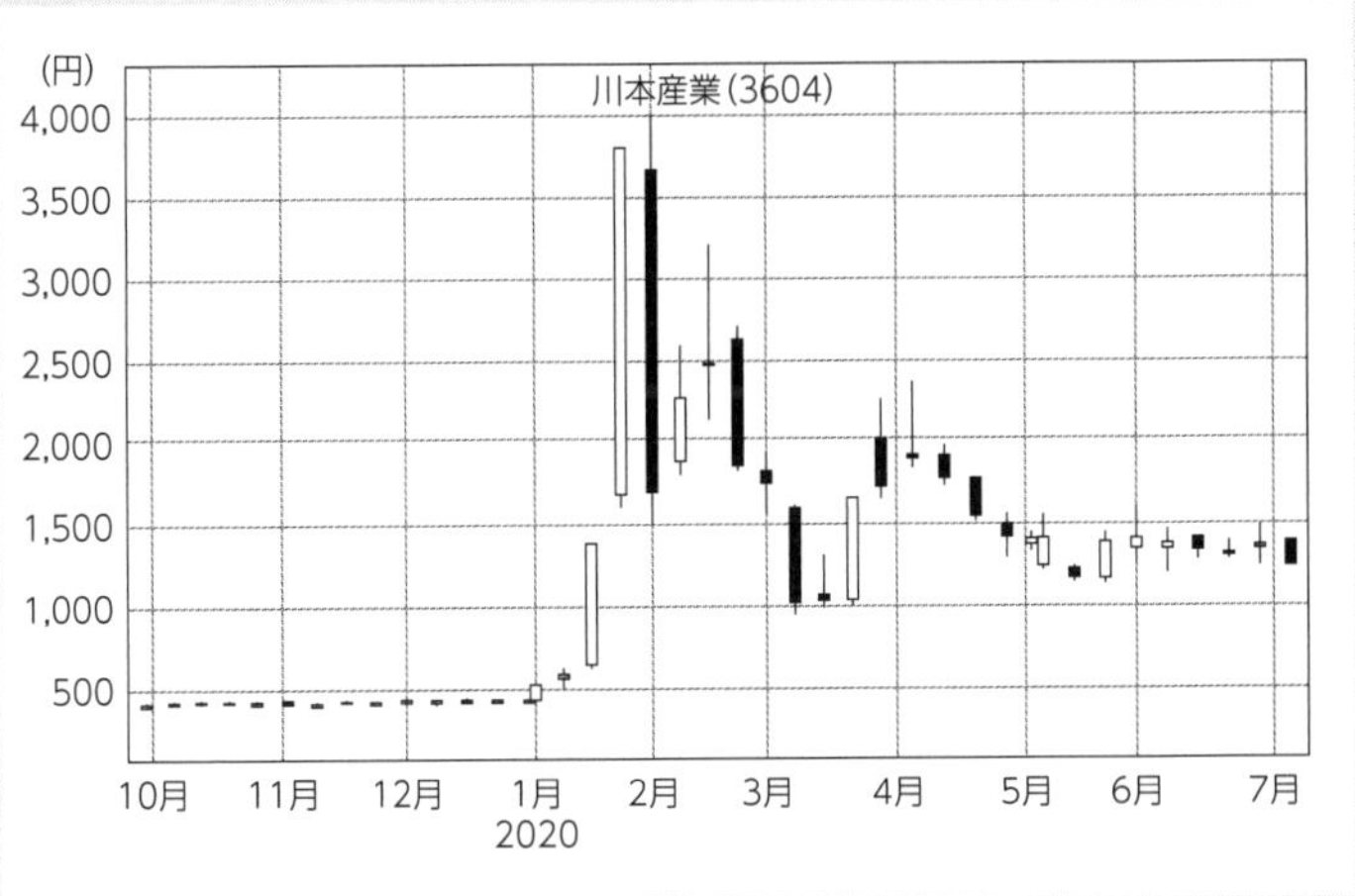

新型コロナウイルスの広がりとともにマスク不足が深刻化した2020年1月、マスク関連である同社株は、人気が人気を呼んで典型的なイナゴタワーを形成した。ご存知の通り、資本主義システムはすぐにマスクの大量供給を実現し、2か月後、高値から4分の1付近まで下がってしまった。

いった具合に、勢いを横目に見ながら、分割して売っていくと良いだろう。一度に全部売ろうとすると、どうしても判断が鈍る。少しずつ売るというやや複雑なルールを課すことで、システム2が呼び出され、冷静さを維持することができる。

小まとめ

- システム2を呼び出し、丁寧な調査と分析を実行した場合のみ、売買するよう心がける。
- システム1だけを使ってノリで売買を繰り返してはいけない。
- 人気絶頂の材料株を買ってはいけない。

3-4 時間を味方につける

「よし、保有銘柄がイナゴタワーを形成したら、絶対にうまく売り抜けてやるぞ」と決意していても、残念ながらそんなチャンスは滅多に来ない。バイ&ホールド向きの成長株は、大抵の場合、株価はなだらかな上昇傾向を示す。その過程で、(イナゴタワーと比べるとずいぶん高さは低いが)有頂天と絶望を繰り返すのに十分な急上昇と急降下を何度も経験することになる。

既にこの本を読み進めた読者には理解できると思うが、個別株を取引する投資スタイルには、大きく2つの流派が存在する。何年もその企業の株を保有し続け、応援し続ける長期投資派と、投資家心理や需給要因を分析し、ある意味、企業の成長とは無関係に、短期的な価格変動を追い求める短期トレード派である。それぞれ、投資対象やレバレッジの取り方、期間の違いなどによって、さらに流派は細分化される。もちろんバイ&ホールドは長期投資派に属し、その中でも本流中の本流と言える。

大波より小波で売買したくなってしまう理由

面白いのは、長期投資派が5年がかりで大勝利する全く同じ銘柄で、短期トレード派も何度も何度も勝利を収めることができる。それは値下がりすることで利益を上げる空売り派であっても同じことが言える。

イメージを示すと図表12のようになる。

業績成長に伴う長期的な株価上昇の大波の過程で、短期的な価格変動を追いかける数か月単位の小波が連続的に表れる。小波といってもその変化は激しく、通常でも20～30％、勢いがつけば50～100％も変動する。これは短期的な業績変化や市場全体と連動することによって、投資家心理や需給が大きく変化するためだ。

「年間の業績変化はたったの10％なのに、その間の安値と高値を比べると50％以上も株価が変動した」ということが頻繁に起こるのである。おそらくバイ＆ホールドの最も難しいポイントはここにある。

「少々上がろうが下がろうが、3年でも5年でも保有し続けるぞ」と強い決意でそ

図表12　株価の大波と小波

業績成長に伴う長期的な株価上昇の大波の過程では、数か月単位の小波が連続的に表れる。小波といってもその変化は激しく、通常でも20～30%、勢いがつけば50～100%も変動する。「年間の業績変化はたったの10%なのに、その間の安値と高値を比べると50%以上も株価が変動した」ということが頻繁に起こるのである。
その小波を見事に乗り降りできれば、バイ&ホールドで大波を狙うより、はるかに大きなリターンを得ることができる。しかし、それは極めて難しい。情報と心理戦の渦に巻き込まれ、プロ中のプロや凄腕短期トレーダー、あるいはAIがあなたの前に立ちはだかる。

の株を買ったとしても、数か月で50％も上昇し、その次の数か月でその上昇分の大半を失ってしまうと、一気に決意は揺らいでしまう。「ああ、何であのタイミングで売らなかったんだろう」と後悔の念が湧いて、結局、次の上昇でさっさと売り抜け、そのカネで他の良さげな株を買う。ところが、大抵の場合、下がる時は他の株も連動するので、新しく買った株で損をする。次第に、投資スタイルは短期化し、気が付いたら、いつの間にか短期トレード派に転身してしまうのだ。

成長の大波よりも数か月単位の小波の方が上昇も下落も角度が急であるため、その小波を見事に乗り降りできれば、当然、バイ＆ホールドで大波を狙うより、はるかに大きなリターンを得ることができる。しかし、それは極めて難しい。情報と心理戦の渦に巻き込まれ、プロ中のプロや凄腕短期トレーダー、あるいはＡＩがあなたの前に立ちはだかる。そう、あなたは再びこの本のスタートに戻っている。

選択肢は2つ。すべてを賭けて短期トレード道を突き進み、徹底的に情報戦と心理戦で勝つ道を選ぶか？　小波は完全に無視して、バイ＆ホールドに徹するか？

この本を読んでバイ＆ホールドを実践し始めたあなたは、おそらく何度も何度もこの問いと闘うことになる。

長期投資は林業のようなもの

私は常々短期トレードがアクションゲームなら、長期投資は林業のようなものだと考えている。

システム1を使って、敵が繰り出す様々な攻撃を瞬時の判断でかわしながら、敵の隙を見つけては逆に攻撃を繰り出す。ダメージを最小に、攻撃を最大に。その積み上げでポイントを稼ぐのが短期トレードだ。

一方、バイ&ホールドのような筋金入りの長期投資に敵は存在しない。いるとしたら己だ。企業自体は昨日と今日ではほとんど何の変化もない。日々、変化しているのは、それに投資する人々の心理やお金の動きであり、それを完全に無視すれば、何とも退屈な毎日が続く。

しかし、しっかりと時間を置き、カメラを引いてその変化を見続けると、少しずつだが着実に企業は成長していく。植えたばかりなら数十センチほどの小さな苗木たちが、数年後には、そろって自分の背を追い越し、10年も経つと、すっかり森林を形成し始めている。最初に最大の努力を払い、正しい選択をしさえすれば、あとは、自然な成長を待ちさえすればよいのである。

少なくとも次のような方には、長期投資がお勧めだ。

・性格が素直でネット情報の裏の意味が理解できない人
・理解はできても、感情が揺れやすく、分かっていても騙される人
・日中、会社勤めをしているなど、ザラ場中に頻繁に取引ができない人
・企業分析は得意だが、心理戦は苦手な人
・投資に興味はあるが、そこに1日の大半を費やす意思はない人
・人を騙したり、迷わせたりする行為は見るのも嫌な人

この1つにでも該当する人は、株はやらないか、やるとしたら長期投資が良いだろう。もし、短期トレード道に足を踏み入れてしまったら、大切なお金を失うか、お金を手にしても他の重要な何かを失う。もしくはその両方だろう。

小まとめ

- 成長という大波を狙うのであれば、数か月単位の小波は無視する必要がある。
- ただし、あまりに人気化し急激な上昇となれば、売り抜けてよい。
- 性格や環境が短期トレードに向いていない人は、長期投資を勉強すると良い。

第4章

長期投資で勝つための「鈍感力トレーニング」

バイ&ホールドを採用し、長期投資法を実践すれば、心理戦や短期的な値動きに惑わされることはなくなる、とまでは言い切れない。何か大きな変動があれば、どうしても、SNSや掲示板を見てしまうし、短期的な値動きを見たくなる。何らかの手を打つ必要はあるのだが、実のところ、特効薬は見つからない。対症療法でいくしかないのだろう。

一応、方向性としては次の2つが考えられる。

・強い意志を持って、あえてSNSや掲示板、リアルタイムの値動きを見ないようにする
・たとえSNSや掲示板、リアルタイムの値動きを見ても冷静な判断を保てるようにする

結論から言うと、おそらくどちらも極めて難しい。私もいろいろ試してみたが、今時、SNSによる情報収集はやめられないし、スマホを見ると日経平均株価の動きを伝えるニュースに目が留まって、心が落ち着かなくなることもある。ただ、以

前ほど敏感でなくなったのは確かだ。

そこで、私がやってきた泥沼から抜け出す方策をいくつか紹介したい。あくまで私個人レベルの話なので、もっと良い方法は他にいくらでもあるだろう。ぜひ、皆さんなりに2つの方向性における強化策を編み出して、鈍感力を身につけてもらいたい。

(1) 昼間は仕事に専念する

株以外に強い興味の対象があれば、そちらに意識を持っていくことができる。

最近はＦＩＲＥ（Financial Independence, Retire Early）と呼ばれる早期退職者が多いと聞くが、私は今でも会社員を続けている。仕事を続けることで生の経済に触れ続けることができるという理由もあるが、昼間、株のことをすっかり忘れることができるというメリットも大きい。

会社帰りにその日の終値やＳＮＳを見て、仮に何か動揺してしまうような情報を見たとしても、直ちに売買ができるわけではない。システム１による瞬時の判断で、深く考えずに衝動的に注文を出すということはなくなる。少なくともシステム２を呼び出して冷静な判断をする時間が与えられるはずだ。一呼吸おいて、「おい、俺!! 早まっちゃいかん!!」などと自分にアドバイスする感覚で、もう一度、「なぜ、その株を買うに至ったか、そしてその条件が本当に崩れてしまったのか」をしっかりと見極めることができるだろう。

もちろん、「仕事を続ける方が有利だからFIREを目指すな」とは言わない。この本を読んでバイ&ホールドを続ける人の中には少なからず、FIREしても生活に支障がないレベルまで勝つ方も出てくるだろう。嫌な仕事をいつまでも続ける必要もない。ただ、その場合でも、昼間、SNSや株価動向を見続ける生活は避けるべきだろう。そうなると、結局、何のためのFIREか分からなくなってしまう。ひょっとしたら、会社員を続けるよりもストレスがたまるかもしれない。ボランティアとか旅行とか農作業とか、株以外に興味を持てるものを用意して、努めて、株価を無視できる環境を整えることで、人生は豊かになるだろう。

(2) そういうものだと割り切る

「他の株はよく上がるのに、自分の株だけは下がっているのではないか?」「今日は急激に下がってしまった。何か悪い材料が出たに違いない」

誰でもそんな不安から最新の情報を求めて、スマホに手が伸びる。で、いろいろ調べても、正解はよく分からない。ただ、大量に見たネガティブ情報だけは頭に残ってしまい、その株を売って他に移りたくなってしまう。

結論から言うと、ネット上にはネガティブな情報があふれているのが当たり前。それと株価は関係ない。イライラするような値動きをするのも当たり前。心穏やかに安心して見られるような値動きをすることは滅多にない。

嘘だと思ったら、すぐに無作為に他の銘柄の値動きをみると良い。どんな株でも、一直線に上がり続ける株などない。気持ちよく上がる期間はほんのわずかで、その後には息苦しい急落局面や低迷局面が待っている。


うっかり、嫌な情報を見てしまっても「ハイハイ。そんなもん。そんなもん」

ジリジリと株価が嫌な動きを続けても「ハイハイ。そんなもん。そんなもん」


こんな風にパッと頭を切り替える癖をつけると良いだろう。

一言でいうと、人々は情報に対して敏感になりすぎているのだ。何事にも動じない、鈍感力こそ、人間が人間らしく生きるための、すごい力であると認めるところから始めよう。

(3) 不人気株を仕込む

まだ人気の出ていない成長株を仕込むことができれば、あなたの勝ちは保証されたようなものだ。成長に伴う、つまりEPSの拡大に伴う株価上昇に加えて、不人気から人気への変化による株価上昇、つまりPERの上昇が、いつか必ずやってくる。問題は、それがいつ来るのか？　本当に来るのか？　その不安との戦いとなってしまうことである。

ただ、この手の不人気成長株であれば、心理戦の観点からはそれほど苦しい戦いにはならないはずだ。まず、不人気株はSNSでも話題にならない。ヤフーファイナンスの掲示板には何か月も書き込みがない。株価は何か月も退屈極まりない値動きを続ける。つまり、人気がないがゆえに誰も心理戦すら仕掛けてこないのだ。そういう株を保有し続けるのは、大型株や人気株を保有し続けるよりも、ずいぶん心理的な負担が小さい。

経験上、株を買った直後が一番値動きやネット情報が気になるものだ。もう買い終わってしまうと、あとは上がるのを待つばかりでやることもなくなり、「他の人はこの株をどう思っているのだろう？」と、SNSを調べたくなる。そういうタイミングでネガティブな情報をインプットされると急に不安が大きくなってしまう。ところが、不人気株ならその最大の難関を難なく乗り切ることができる。誰も相手にしないのだから。

将来人気が出て、激しい心理戦が始まったころには、株価は数倍高だ。その状態なら、既に心に余裕ができているので、少々は冷静に状況を見られるだろう。「ああ、とうとうこの株も心理戦の対象になるくらい人気株になってくれた…」などと子供を見る親の気持ちで接していけば、つまらぬやり取りに腹が立つこともなくなるはずだ。

（4）長期チャートで「錯覚」を防ぐ

「1日に4％も株価が下がった。私の投資先は何か大変な状況に陥っているのではないか…」。もちろん、どんな株を持っていても、この程度の下落は必ず発生する。

ところが、そのことは頭では十分に理解しているつもりでも、実際に自分の株がそういう値動きをすると想像以上に動揺してしまう。私が思うに、1つには、時間足や日足といった短期チャートは、実際は数%というとても小さな変化にすぎないのに、スマホやパソコンの画面いっぱいに、その部分だけを大きく拡大して表現されるため、何割も下がったような錯覚を起こしてしまうからではなかろうか。画面の左上から右下に大きく下がるチャートを見てしまうと、何か大変な変化が起こっているように感じてしまう。

そこで、そのような錯覚対策として、そういう日は5年チャートや10年チャートを見るようにすると良いだろう。10年単位の値動きからすると、今日の4%の下げなんて、そよ風が吹いた程度の、ただの日常であることが理解できるはずだ。

結局のところ、20%以内程度の変動の大半は、企業の成長とはほぼ無関係に動いている。ところが、毎日毎日、その20%以内程度の株価変動を拡大して見続けさせられるために、その程度の変化にどんどん敏感になってしまうのだ。10年チャートを見ながら、この会社の株を3～5年単位で2倍高を目指して買ったことを思い出

図表13　ソニーの1か月チャートと10年チャート

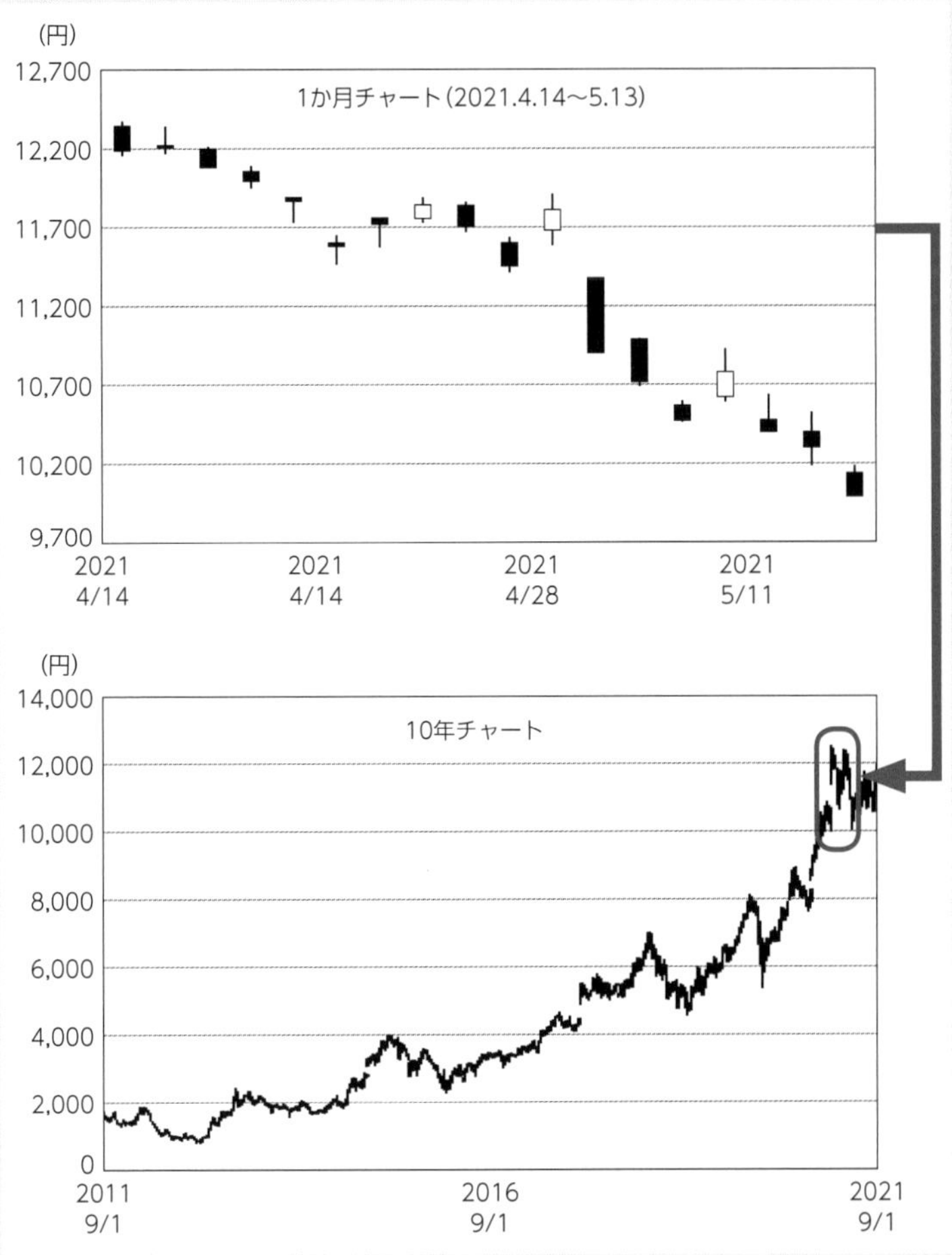

すのである。

たとえばソニー株は、2021年4月～5月にかけて2割ほど下落した。リアルタイムでその部分だけを拡大して見せられると大暴落が始まったように感じるが、10年チャートで見れば、よくある揺れの1つだったことが分かる（図表13）。

（5）額ではなく率で考える

「今月は15万円儲かった」「今日は3万円損をした」。こんなふうに株式投資に伴う資産変動をいちいち金額ベースで確認し続けると、どうしても、日常の金銭感覚に引きずられて、「手取り給料が20万円なのに、今月は株で15万円も儲かった」とか「ランニングシューズを1万5000円で買おうと思っていたのに、今日は株で3万円も損をした」などと必要以上に感情を揺さぶることになる。

もし300万円運用していて月に15万円儲かったなら月に5％の資産変動であり、1日に3万円損をしたなら1日当たり1％の資産変動ということになる。その程度の揺れは、株式投資においてはごくごく普通に発生する。その程度の変動にいちいち心が動くようでは株式投資は到底続かない。「朝、体温を測ったら36・0度だったのに、夜測ったら36・3度で0・3度も上がった!! このまま上がり続けたらどうしよう」と大騒ぎするにも似た、バカバカしい心理変化と言える。

証券会社のサイトや株式専門のアプリなどでは、ご丁寧に、あなたが昨日と比べて、いくら儲かっているとか損をしているとかといった情報を、リアルタイムに教えてくれるが、できる限り、1日当たりの変動額を見ないようにする。もしくは、つい見てしまっても、すぐさま、率で考えるようにする。この訓練はとても重要だ。

長く投資を続けることができれば、かなりの人は、財産を何倍にも増やすことになる。最初は300万円だったとしても、10年20年と投資を続ければ、それが1000万円、3000万円と次第に金額が膨らんでくる。そうすると、1日当たりの変動額は通常でも数十万円。場合によっては百万円を超える日も出てくるだろう。

「月給の手取りが30万円なのに、たった1日で100万円!」。これでは刺激が強すぎる。「意識するな」といっても、脳はそれしか考えなくなる。株式投資を始めると同時に、金額ではなく、率で判断できるように頭の中をコントロールしないと、あなたは一日中、株のことだけを考えて生きる、つまらない人生を歩むことになる。

(6) 他人に頼らず、自分自身で銘柄を探す

SNSや掲示板の情報をもとに株を買うというのは、例えていうと、テストの問題が解けないからといって、隣に座っている生徒の答案を盗み見して、解答を書く行為に似ている。狙い通り、その生徒が優秀で正しい回答を書いているなら、あなたも正解を手にすることができるが、その子が間違っていたら、あなたも間違う。それで落第したからといって、「畜生‼ かわいい顔して適当なことを書きやがって！」とその子に怒りをぶつけるのは全くもって筋違いだ。カンニング力を高め、より優秀な生徒の回答をより素早く写す能力を鍛えても、あなたの実力は全く上がらない。

カンニング力を高める努力はもうやめて、自ら有望株を探し出す力をつけなければならない。株の本を何冊も読み、会計や財務分析が弱いならそちらの勉強をし、事業構造の分析が弱いなら、ビジネスモデルの関連書籍を読むなど、本物の投資力を高めるのである。そうすると、次第に株で勝てるようになるし、それと同時に社会人として必要な知見も高まる好循環が生まれるのだ。

医師であろうが、農家であろうが、教員であろうが、公務員であろうが、もちろん、ビジネスパーソンならなおさらだが、株式投資によってリアルのビジネスに触れながら、どうすれば、事業がうまく回るのかを考え続ける活動は、ほぼすべての職業において有意義である。

他人の意見に左右されず、長期的な企業の成長を自ら判断できる人間になるためには、バイ&ホールドは最適な投資法といえる。

(7) 簡単には売り抜けられないほど大量に買う

かなり応用編の説明になるのだが、割安な成長株を探し続けていくと、1日の出来高が2000株などという超小型の有望株を見つけることもあるだろう。あまりに小さすぎるために、多くの投資家の探索フィルターから外れ、成長力に見合わない割安株になっているのだ。

普通は、「有望株には違いないがあまりに小型株なので、もし何かあった時に売るに売れなくなってしまう。買うとしても少額にとどめておこう」という判断に至る。この判断は極めてまっとうなので、いったんは皆さんにもその判断をお勧めする。しかし、その常識的なやり方では、仮にその株が大上昇しても、金額ベースの儲けはたかが知れている。

私はこの常識を打破し、あえてそういう超小型株を1万株とか2万株といった単位で買い集めるという手法で何度も大儲けすることができた。虎穴に入らずんば虎子を得ずだ。結局のところ、どこかで大きなリスクをとらなければ、大きなリターンは得られない。

そのリスクをどこでどう取るかが、個別株投資の腕の見せ所になるのだが、実は、バイ&ホールド戦略を採用するのであれば、すぐには売れないリスク、つまり流動性リスクは一般的に人々が感じているほど大きなリスクではない。時間をかけて少しずつ買い、時間をかけて少しずつ売れば良いだけの話で、普通の人が1日のうちにやる行為を1か月かけてやればよいのである。

当たり前すぎる話で恐縮だが、株式投資の儲け＝値上がり率×投資金額である。我々長期投資家にとってテンバガー（10倍高）は憧れだが、1000円で100株買って、それが10倍高になっても90万円しか儲からない（税金で20％持っていかれるので、実際は72万円ほどだ）。もちろん、これはこれで嬉しいには違いないが、もしこれを1万株でやれば、9000万円（税込みだと7200万円）の儲けとなる。一言でいうと、私はこの方法で「億り人」になった。

よくよく考えると、ウォーレン・バフェットやピーター・リンチなど、世界的に名の通ったプロ投資家は皆この流動性リスクをあえてとることで大成功を収めている。もちろん、彼らは私たち個人投資家よりもはるかに大きな金額を扱っているので、大型株や株以外の投資対象にも選択範囲を広げるが、いずれにせよ、「大きく儲かる可能性が高いと判断したら、すぐには撤退できないほど大量に買う」という点でやっていることは同じなのである。

この方法はいろいろメリットがある。

まず、SNSや掲示板でどう騒がれようが、すぐには売るに売れないので、下がったら下がったまま、上がったら上がったままにできる。そもそものような流動性の低い株は騒がれもしない。

万が一、イナゴタワーが出来上がるようなことになれば、出来高が急増するのでほぼベストのタイミングで売り抜けることもできる。時間をかけて成長するタイプなら、じっと持ち続けざるを得ないので、最初は小型株だったものが結構な大企業になるまで見守り続けることができる。

要は嫌でも短期変動や心理戦を無視することができるのだ。

残念ながら、予想に反して、業績が低迷してしまったら負けだ。諦めて安値で売るしかない。ただ、何度も言うように0になるわけではない。まぁ、半値八掛け2割引（買値の32％）くらいでは売れるだろう。勝てば10倍。負ければ32％なら、悪い賭けではない。バイ&ホールドというのはそういうタイプの勝負と割り切るのだ。

何年か投資を続け、資金力も高まり、投資力もついてきたころに、思いがけず、とんでもない小型成長株を見つけてしまった時、ぜひ、このことを思い出してほしい。自分でも驚くほどあなたの投資人生を大きく変える可能性がある。

(8) 普段から企業の情報を集める

株価が急落→SNSや掲示板で原因を探る→ネガティブな書き込みを見て不安になる→さらに下がる株価を見て、とりあえず売ってしまう→しばらくして株価は急上昇する
この最悪の連鎖を断ち切る必要がある。そのためには、まず重要なのは、急落する

たびにその企業のことを調べるという利那的な姿勢を改めることだ。

急落しようが急騰しようが、そういうことと関係なく、普段から、自分の保有株に関する知識を幅広く集める努力が必要だ。企業サイト、企業名や商品名でニュース検索、ライバル企業や関連企業との比較、業界情報…。そうやって、その会社を長期投資している理由を常に自分の中で固めていく。何がどうなれば利益が急減するのか？　逆にどうなれば利益が急増するのか？　そのためにはどの変数に着目すべきか？　事業構造を深く理解することができれば、そういうことが分かってくる。そのような基本姿勢を整えていくと、SNSや掲示板に振り回されるような投資スタイルがいかにバカバカしいか次第に気づくことだろう。

私は2019年に電力コンサルと電力小売りの組み合わせで業績を伸ばしているグリムス（東証1部、3150）という株を950円ほどで買い込んだ（2020年に株式分割したため、当時の価格は1900円前後）。直後にコロナショックの影響を受け、一時は800円を下回っていたが、新しく誕生した菅政権と米国バイデン政権が、脱炭素による成長戦略を強く打ち出したことから、エネルギー分野で新たな挑戦を続けるこの企業はテーマ性を帯び、株価は2020年後半には

2000円を超えるほど大上昇した。1年ちょっとで2倍高である。

私も当初は長期的に見ればまだまだ上がると強気の見方をしていたのだが、一方で、あるニュースが気になり始めていた。「夏ごろに始まったラニーニャ現象の影響で、この冬はかなりの厳冬が予想される。そうすると国内電力需給がひっ迫し、電力小売市場で価格が高騰するリスクがある」。

当時、この会社が売電している電力の大半は電力小売市場から調達していた。もし、市場価格が高騰したらかなりの損失が予想される。市場はまだそのリスクを織り込んでいない…。結局、私は株価が2500円を超えた時点で全株売却し、いったん、様子を見ることにした。もともと3〜5年で2〜3倍高を狙っていたものが、1年ちょっとで2・5倍なのだから十分に満足である。

その間、グリムス株に投資している人々のSNSやヤフーファイナンスの掲示板でラニーニャとか電力小売価格の高騰といった言葉は一度も目にしなかった。そもそも、そのようなリスクが存在することを理解していない個人投資家が多かったというのもあるが、私のように理解している人間も、わざわざそんなマイナス情報を売却前に公言したりはしない。

結局、その冬は都内でも池が凍りつくほどの厳冬となり、暖房需要の急増から電力需給はひっ迫し、この会社は大損を出してしまった。ネット上では電力需給がひっ迫し、株価が下がりだした途端に大騒ぎとなり、結局1500円前後まで叩き売られた。

これはほんの一例である。SNSや掲示板、もっと言うとネットニュースも含めた一般的なネット情報というものは、その分野に詳しい人間にとっては、「何をいまさら…」と言いたくなるような遅い情報で大騒ぎすることが非常に多い。投資先企業を深く分析し、経営者の狙いを正確に理解している投資家にとっては、何か月も前から十分に予想できている展開であっても、広く認知されるまでは株価は大した反応を見せない。

あなたが勝ち組投資家になりたいなら、表面的で感情的なネット情報を無視し、投資先企業や業界関係者の情報を意識して集める努力をすべきだ。といっても何らあなたに関係のない業界の情報を集めるのは難しい。まずは自分の本業や好きな趣味、地元企業といった身近な有望株を探すのが良いだろう。実際にやってみて、どこか1つの業種の理解が深まれば、他の業界についても調べておくべきポイントが想像できるようになる。そうやって、少しずつ得意業種を広げていくのである。
ちなみに私は、実家の近くに小型太陽光発電所を作るなど、再生可能エネルギーについては、10年くらい前からいろいろ調べるようにしている。いずれ、地球温暖化などの環境問題が限界に達し、その対策が世界規模でなされるだろうという予想のもとに、やや深いところまで知識を高めていたのがグリムス株では幸いした。

小まとめ

- 値動きやSNSといった刺激の強いネット情報をあえて見ない努力をする。
- 一方で、見てしまっても、間違った行動を起こさないように、いくつかの工夫を施す必要がある。
- 普段から投資先企業やその関連業界の情報を幅広く集め、株価の変動に関係なく、将来を予想し続ける姿勢が重要である。

(9) 他の投資法を理解する

さて、8つほど対策案を提示したが、もう1つ、別の切り口として、「長期投資スタイルを採用していない他の流派のプレイヤーはどういう狙いで株を売買しているのか?」といった知識を少々は持っておくと良いだろう。

株価が何が何だか分からない理由で、何が何だか分からない動きをするから、不安になる。その不安を取り除くために、他の投資法を頭の隅にしまっておいても損はない。

ただ、知ってしまったがために逆に気になってしまうという「知らぬが仏」的な側面もあるため、ここではあえて、さらっと流すことにする。知れば知るほど、あなたは泥沼に近づくことになる。「はいはい。またいつものカネの分捕り合戦で株価が揺れているのね…」くらいな感じで、少々達観しないとバイ&ホールドは続かない。

さて、一口に「買う」とか「売る」とかと言っても、実に様々な人々が様々な理由でそれを実行する。代表的なものを一覧にすると図表14のようになる。

上場企業やその関連企業に勤めて、毎日、上司から成績が悪いと叱責されたり、厳しいノルマを与えられて神経をすり減らしたりしている会社員の皆さまには大変残念なお知らせだが、その最終評価者である株式投資家のほとんどは、真面目に企業を評価しない。感覚や感情、他人の動向や話題性、あるいは、株価の動きだけを分析して売買を繰り返したり、相場操縦的に株価を動かし、売買せざるを得ないプレイヤーを意図的に作り出したりして、利益を上げる。

あるいは、企業を分析してもどうせ勝てないから、分析するのは他人に任せて、機械的に全銘柄を薄く広く買う手法も大流行りだ。

個別株を丁寧に評価して長期投資を前提に売買をするという至極まっとうに思える投資法が、実は少数派で、そうではない投資家が大多数であることが理解できただろうか？

そのため、株価は短期的には全くもって理不尽な動きを繰り返す。正義感の強い人は、「こんなのはおかしい」と言いたくなるだろうが、この理不尽な動きがあるおかげで、有望株を安値で買うという、常識的には起こりそうもない現象が頻繁に

図表14　人々が株を売買する理由

上がりそう	⇔	下がりそう	①感覚
強欲・安心・焦り	⇔	不安・恐れ・焦り	②感情
人々が買うから買う	⇔	人々が売るから売る	③他者
話題性があるから買う	⇔	話題性がないから売る	④材料
買う価値がある	⇔	**保有する価値がない**	**⑤評価**
株価を根拠に買う	⇔	株価を根拠に売る	⑥株価
機械的に買う	⇔	機械的に売る	⑦仕組
株価を吊り上げたい	⇔	株価を叩き落したい	⑧操作
買わざるを得ない	⇔	売らざるを得ない	⑨降伏
自社株買い	⇔	増資	⑩自社
景気を刺激したい	⇔	景気を冷やしたい	⑪政策
同じものが安い	⇔	同じものが高い	⑫裁定
お金が余るから買う	⇔	お金がないから売る	⑬自己都合

発生する。理不尽さを許容しながらも、日々の値動きからは距離を置くことで、勝ちを手にすることができるのだ。

株式市場を「大きな鍋」と考えよ

さて、このように書くと、「なんだ。結局、株価なんて企業の実力とは無関係に短期トレーダーのやりたい放題で適当な値段がついているだけじゃないか…」と思うだろう。確かに1日当たり3兆円前後で推移している東証1部の売買代金（2021年5月末現在）についていえば、1つ1つ企業を分析して株価の妥当性を図るような長期投資家の資金割合は非常に小さいものになる。

しかし、それは1日当たりのフローの話であり、ストックである東証1部上場企業の全株式の時価総額約700兆円（2021年5月末現在）についていえば、その大半は長期投資家が握っていて、その資金力は圧倒的である。そのため、短期的には理不尽な動きを繰り返しているように見えても、長期的には合理的な価格形成が進んでいく。長期投資家から「これは良い」と認められると、時間をかけて非常に多くの資金がその銘柄に流れ込んでくるため、長期上昇トレンドが形成される。

その間も短期的には激しい上下動が繰り返されるが、そういう短期変動をうまく利用しながら、長期資金による買い集めが進むのだ。逆に、長期投資家からそっぽを向かれると、資金は流れ出し、いつまでたっても株価は浮上しなくなる。

大きな鍋をイメージすると分かりやすいだろう。大きな鍋に水道から水を入れ続けると、鍋の水量はどんどん増えて、水位が上がっていく。これが長期的な株価変動だ。一方、鍋を叩いたり揺らしたりすると、水面が波立って上下動を起こすだろう。これが短期的な株価変動である。短期資金がいくら鍋を叩こうが揺らそうが、勢いよく蛇口から水が流れ込んでくるといずれ鍋は水であふれかえる。バイ&ホールドではこの蛇口の水を見るのであって、水面のざわつきを見るのではない。

逆に良くない株というのは、穴の開いた鍋だ。放っておくと水はどんどん抜けていく。SNSや掲示板がどれほど騒ごうと、そういうのとは関係なく水位は下がり続ける。

要は、資金力のある長期投資家が買いたくなるような株を、彼らよりも一足先に買うのが、私たちの目指す目標だ。水面のざわつきばかりを気にしている人々を横目に、私たちは水位の上昇に神経を集中させるのである。

小まとめ

- 個別に企業を分析して評価する長期投資家は少数派。そのため、短期的には、株価は理不尽な動きを繰り返す。
- 一方で、時価総額ベースで見ると、長期投資家が圧倒的多数派。そのため、長期的には株価は合理的な価格を形成する。
- 水面の揺れと蛇口の水とを分けて考えるように、短期的な値動きと長期的な値動きを切り離して考えると良い。

第5章

長期投資は「バイ」ですべてが決まる

5-1 理想的な企業を探し続ける

バイ&ホールドでは、バイ（買う）とホールド（保有する）の両方に意識を集中させなければならない。前章までは、このバイとホールドを実行するにあたって、ネット上にあふれる大量のムダ情報や危険情報と付き合うための、まぁ言ってみれば心構え的な説明をしてきた。あまりに激しい情報戦と心理戦が繰り広げられるため、ここをどうにかしないと、どれほど素晴らしい銘柄を見つけられたとしても、勝ちを手にするのが難しい時代なのである。

しかし、その逆で、いくら心構えが完璧であったとしても、そもそもの銘柄選びに失敗しているようでは、全くもって話にならない。

そこで、ここからは「バイ（買う）をどう行うか？」、つまり銘柄選択の方法を説明していきたい。極論を言うと、長期投資はバイですべてが決まる。良い株を買いさえすれば、あとは何もしなくても、その企業があなたを大金持ちにしてくれるのである。

「長期にわたって成長しそうな企業」だけを見ていく

まずはおさらいになるが、長期投資においては、「いつかきっと、あるべき適正価格に株価が到達するはず」という市場の価格調整機能を信じる必要がある。「今は間違った価格形成によって割安に買えるが、いつか必ず企業価値に対して適切な価格になるはずだから、それまではこの株を保有し続けよう」という発想が大前提なのである。これは、バリュー投資の根幹をなす考え方で、まともな長期投資家は、多かれ少なかれ、この考え方をベースに銘柄選択を行っている。

ただ、残念ながら、市場は少々選り好みが激しいため、すべての銘柄がいつかきっと適正価格になるとは考えない方が良い。いくつかの条件を満たした、市場が好みそうな銘柄についてのみ、いつかきっと適正価格になると考えた方が、投資戦略上はうまくいくだろう。

では、どういう銘柄が市場に好まれるのか？

一言でいうと、「今後長期にわたって成長しそうな企業」ということになる。それ以外はいったん「消し」だ。いくら画期的な技術を開発したとしても、いくら

SNS受けしそうな話題性のある商品を出したとしても、それだけでは長期的な上昇は期待できない。その技術やSNS映えする商品が業績を長期的に押し上げることが確認されて初めて株価が別な動きを始めるのである。

あるいは、いくら環境にいい仕事をしていても、いくら社員にやさしいホワイト企業であったとしても、それを理由に株価が上昇するようなことはない。確かにそのようなちゃんとした企業の方がそうでない企業と比べて長期的に見て成長しやすいという傾向は存在するが、それが理由で株価が上がるわけではない。あくまで、成長が前提なのである。

「じゃあ、長期ってどのくらい？」。そんな疑問が湧いて当然だ。結論から言うと、それが「3～5年」なのである。「あと1年は成長しそうだが、その先は難しい」と判断されてしまう企業は、ほぼ確実にその先の停滞が株価に反映されるため、たとえ割安であったとしても、株価は上昇してくれない。誰の目にも停滞が明らかになってからでは売るに売れなくなるので、早め早めに多くの投資家が売りに動いてしまうのだ。

その点、3～5年も成長が期待できる企業は投資家も安心して持ち続けることができる。仮にその先は成長が難しい場合でも、それだけの期間があれば、企業も次の手を打つことができる。

アマゾンを思い出してほしい。最初、アマゾンはネット専業の書店に過ぎなかった。それでも3~5年は成長が期待できたが、その間に本以外のものも売り始めた。さらにクラウドや動画サービスが始まり、今では世界トップクラスの超巨大企業になったわけだ。

同じように、多くの若き成長企業はこれと同じような成長構造を持っている。まず、現業が順調で3年程度の未来までは十分成長が期待できる。さらにその次についても何かしら既に手を打っていて、どっちに転がるかはまだ分からないものの、成長の種を複数用意している。それは海外進出の場合もあるし、品ぞろえの強化の場合もあるし、全くの新事業の場合もある。

私は常にそんな理想的な企業がPER10倍以下で買える機会を探し続けている。時価総額はあまり関係ない。1兆円を大きく超えるソニーグループや日産自動車でも構わないし、私がとんかつチェーン店を展開するアークランドサービス株を買った時、この会社の時価総額は20億円ほどに過ぎなかった。短期トレーダーはすぐに売買できることが前提のため、時価総額にこだわるが、長期投資家は時価総額にこだわる理由がない。時価総額に関係なく自由に銘柄選びをすると良いだろう。

初心者が探しやすいのは時価総額500億円以下の中小型株

ただ、初心者が探しやすいのはおそらく時価総額が500億円以下クラスの中小型株だろう。その理由は以下の通りである。

①事業構造が単純で、経営者が何をやろうとしているかが分かりやすい。
②まだ会社が小さいのでうまくいきだすと成長余地は大きい。1兆円企業が10兆円企業になるよりも、30億円企業が300億円企業になる可能性の方が圧倒的に高い。
③我々個人投資家レベルでも経営者クラスとコミュニケーションを図るチャンスも多い。たまには証券会社や新聞社主催の株式フォーラムに参加してみよう。もしお目当ての企業が出店していたら、直接、経営者や幹部クラスと話をすることもできる。株主総会もこぢんまりしていて、あなたがしゃべらなければ、

誰もしゃべりださない可能性まである。いろいろ質問して疑問を減らすことができれば、それだけ自信につながるので、長期保有にも耐えられる。

また、小型成長株はネット情報が非常に少ない。グーグルで企業名をニュース検索しても3か月前に地域貢献活動をした小さな地方記事や3年前に上場が決定した時の社長のインタビュー記事が出てくるだけかもしれない。株探やヤフーファイナンスには何やら難しげなテクニカル指標が買いゾーンに入ったとか、PERや配当利回りの観点から割安銘柄ランキングに選ばれたとか、長期投資の観点からは知っていても知らなくてもほとんど意味がないか、既に知っている情報がアップされるだけだ。

そこで、あなたはその企業の具体的な製品名で検索をかけてユーザーの評判を調べたり、その企業が属する業界情報を集めたくなったりするだろう。それが良い。

そもそもあなたが調べようともしないのに、一方的にあなたの目に入ってくるような情報に大した価値はない。そうではなく、あなたが能動的に動くことでやっと見つけることができる情報をたくさん集めることが重要なのである。

もちろん、ネット検索にとどまらず、実際に店舗に行って商品やサービスを確認し、それを実際に購入する体験も必要である。これからガンガン売れそうか、競合他社に負けそうか、一消費者であり株主でもあるあなたは当事者として優れた分析をすることができるだろう。

小まとめ

- 割安な株もいつかきっと適正価格まで上昇する前提で投資する。
- しかし、すべての銘柄が適正価格に上昇すると考えない。将来の成長が期待できる銘柄に絞る必要がある。
- 大きな社会変動がない限り、今後3年以上の業績拡大が期待でき、しかもその先の成長に対しても何らかの手を打っている企業を探す。
- 初心者は時価総額500億円以下の中小型株の中から有望株を探した方が勉強になる。

5-2 大化け株の探し方

スクリーニングは役立つのか？

よく、ブログやツイッターでスクリーニングについてご質問をいただくことがある。スクリーニングとは、成長性や割安さ、あるいは借金が少ないとか利益率が高いとかといった、健全性や収益性のデータを組み合わせて、今後上がりやすい株をデータ的に探す行為をいう。成長性では過去3～5年程度の売上や営業利益の年平均成長率（ＣＡＧＲ）を、割安さでは時価総額と純利益の比を表すＰＥＲや時価総額と売上を比較するＰＳＲなどが使われる。他には自己資本比率や営業利益率、ＲＯＥやＲＯＡをスクリーニングに使う人も多いだろう。

一般的に公表されている数値データを組み合わせるだけで答えが出るのだから、こんな分かりやすい話はない。多くの株本や株雑誌で、この分かりやすい説明が繰り返されるが、私が知る限り、いつでも使える便利な方程式は存在しない。

例えば「予想PERが8倍以下で、年率20％以上の成長を続ける、自己資本比率50％以上の銘柄」という条件を示したところで、まず、普通はそんなお値打ち株を見つけることはできない。仮に見つけられたとしても、何かしら重大な課題を抱えており、これまでは20％成長を続けてきたが、今後はどうなるか分からない先の暗い銘柄ばかりがスクリーニングに引っかかることになる。

20位〜300位くらいの範囲に大化け株が隠れている

ところが、実は私は何度もこの条件をクリアした株を買って大儲けをした。リーマンショックや新型コロナショックなどの大暴落の直後や、一時的な損失のため一見PERは数十倍に見えるがよくよく調べると実力的には8倍以下という株を探して買うのである。

また、先ほどの条件に少し足りない「PER9倍、年成長率18％、自己資本比率45％の株は買えないか？」というと、もちろん、そういう株も十分買うに値する。

もっと言うと、スクリーニングをかけてデータ的にトップクラスの成長株や割安株を狙うより、やや順位を落とすその下のクラスに思わぬ大化け株が隠れている。経済紙や株雑誌などで、「これから上がる割安成長株ランキング」などと題したスクリーニング結果が記事になることがある。こういうのを読むと、大抵、私好みの不人気成長株は、トップテンには入っておらず、20位～300位くらいの範囲に隠れている。

逆にトップテンは要注意だ。「PER6倍＋過去3年の成長率100％」のような組み合わせは、ブームか何かで急激に業績が拡大したものの、今後、そのブームがしぼむ可能性が高いなど、たいていは重大な不安要素が存在する。

何が言いたいかというと、過去の成長率データだけでは、未来の成長率を予想するには不十分だということである。

成長株の3つの種類

そうは言っても過去の成長率が使えるケースもある。私は今後成長が期待できる有望株を3つに分けて考えることにしている。

①過去数年にわたって成長を続けており、さらに今後数年にわたって成長が続く「純粋な成長株」

②これまでは何年も鳴かず飛ばずだったものの、新技術や新商品の導入、あるいは外部環境の変化等によって今後は急成長が予想される「再成長株」

③高い実力を持っているにもかかわらず、大きなトラブルに巻き込まれたり、経営のかじ取りを誤ったりして業績が悪化した企業が、問題を解消し膿を出し切って、再度、以前の輝きを取り戻す「業績回復株」

この3つの成長株を図にすると図表15のようになる。

おそらく具体的に説明した方が理解が進むと思うので、以下では、それぞれの私の投資実践例を参考に説明していきたい。

図表15　成長株の3つの種類

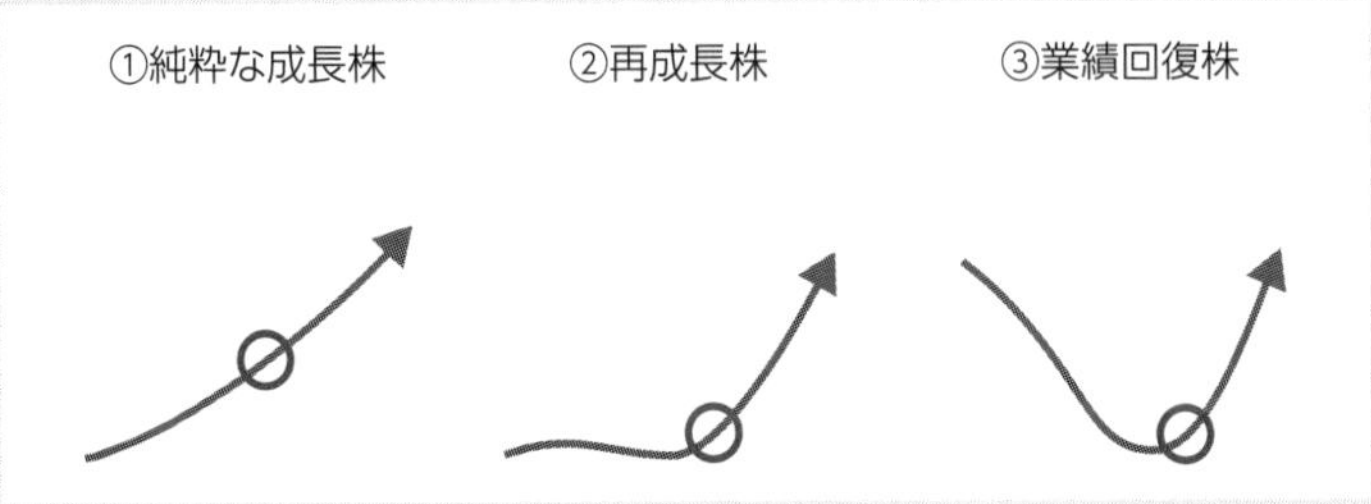

成長が期待できる有望株は3つに分類することができる。

①過去数年にわたって成長を続けており、さらに今後数年にわたって成長が続く「純粋な成長株」
②これまでは何年も鳴かず飛ばずだったものの、新技術や新商品の導入、あるいは外部環境の変化等によって今後は急成長が予想される「再成長株」
③高い実力を持っているにもかかわらず、大きなトラブルに巻き込まれたりして業績が悪化した企業が、問題を解消し膿を出し切って、再度、以前の輝きを取り戻す「業績回復株」

5-3 3種類の成長株への投資事例

①純粋な成長株：いつ買うのが正解か？

まず純粋な成長株についてだが、通常、こういう誰の目にも明らかな成長株を割安に買うチャンスは少ない。PERは低くて20倍。場合によっては30～40倍にもなるだろう。残念ながら、そういう株を持っていてもなかなか大きなリターンにはつながらない。成長は続いていても、あまりに価格が高いため、買い手がつかないのである。

図表16は「食べログ」などでおなじみのカカクコムの過去10年のチャートである。2012年末終値が713円だったものが、コロナショックの直前2020年2月には3000円の大台をつけた。ざっと4倍高である。

一方で業績（図表17）は、2012年3月期と2020年3月期を比較すると、

図表16　カカクコムの株価推移

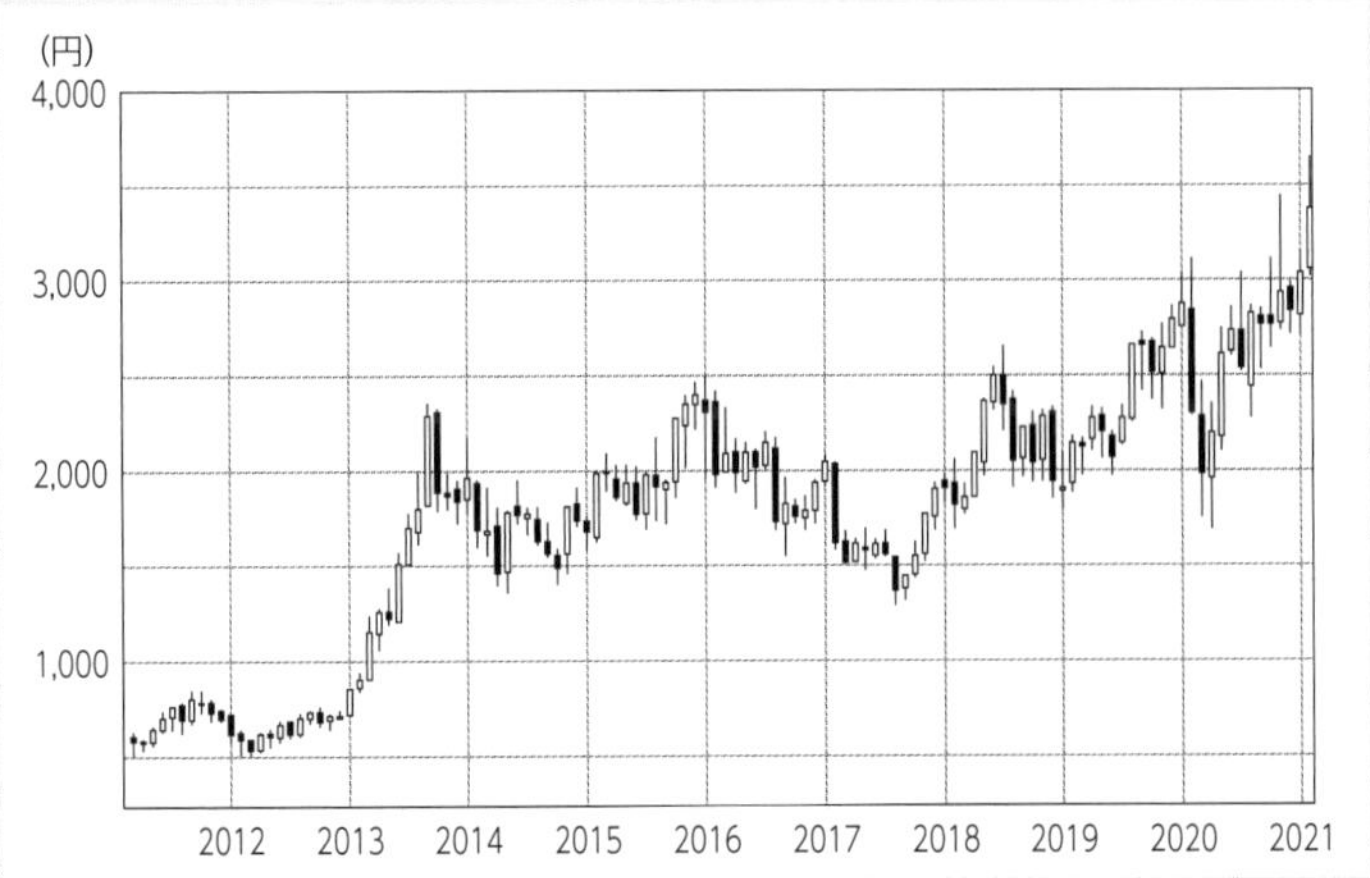

図表17　カカクコムの業績推移

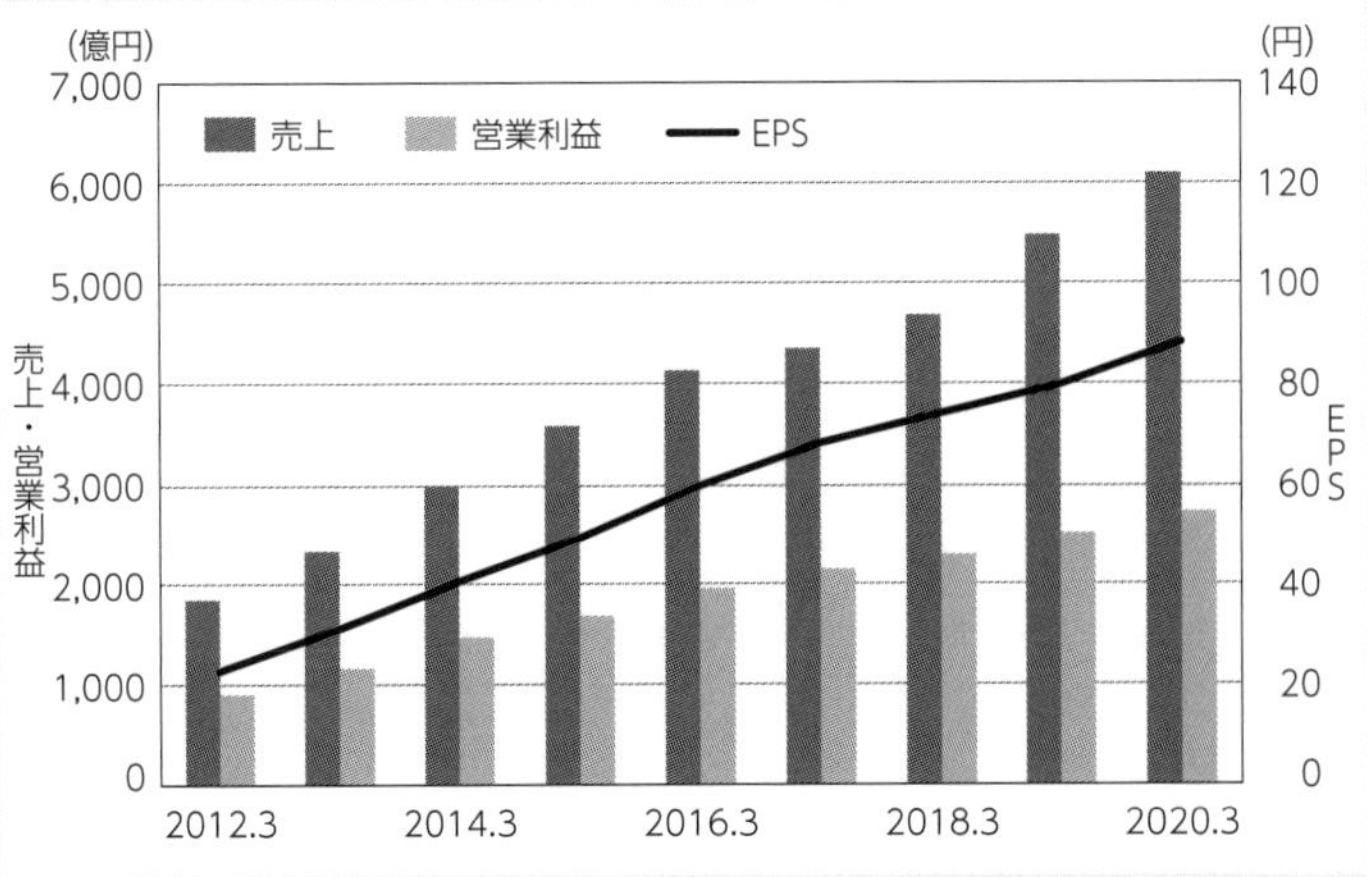

売上が3・3倍。営業利益は3・0倍。EPSは3・9倍である。概ね業績に比例して株価も上昇したことが分かる。複利で計算すると年平均で売上は＋16・1％、営業利益は＋14・8％、EPSは＋18・5％と素晴らしい成長企業だ。

ところが、この株を買うタイミングはとても重要だった。2012年末に713円で買った人は7年がかりで業績拡大に見合う4倍高を手にすることができた。だが、その1年後の2013年末に1847円でこの株を買った人は6年保有しても1・6倍ほどにしかなっていない。

この差は何か？　要するに前者はほぼ妥当な価格でこの株を買うことができたのに対し、後者はこの株を高く買いすぎたのである。PERに直すと前者がざっと23倍、後者は45倍である。

成長株投資家にはおなじみのPEGレシオというのがある。これはPERを成長率で割って、その数字が1前後なら妥当、0・5なら非常に有望、2を超えればかなり危険という、昔ながらの経験則に基づいた指標である。カカクコムの売買例の前者はPER23÷EPS成長率18・5＝1・24とまぁ妥当といえる1前後で買えたことになるし、後者はPER45÷EPS成長率18・5＝2・43と危険水準である2

図表18　PEGレシオ

PEGレシオとは、PERと利益成長率が同じなら、概ね株価は妥当な水準だと判断する方法だ。

PEGレシオ＝PER÷当期純利益の成長率（年率）

この数字が1前後なら妥当、0.5なら非常に有望、2を超えればかなり危険と判断する、昔ながらの経験則に基づいた指標である。

PEGレシオ1倍株のその後のPER変化

PER、利益成長率	1年後PER	2年後PER	3年後PER
50（倍、%）	33.3（倍）	22.2	14.8
45	31.0	21.4	14.8
40	28.6	20.4	14.6
35	25.9	19.2	14.2
30	23.1	17.8	13.7
25	20.0	16.0	12.8
20	16.7	13.9	11.6

（株価がそのまま変わらない場合）

倍以上で買ったことになる。この差がリターンの大きな差になったのである。

それでもこの株の株主はまだ幸せだった。この会社はその後もずっと成長を続けたのだから…。多くの企業は5年も6年も成長を続けることは難しい。どこかのタイミングで成長が止まり、停滞が始まるようなら、大損する羽目になる。

もし私が2012年末に713円でこの株を買っていたとしたら、そういう成長停止のリスクが怖いので、その翌年のPERが40倍を超えたあたりで早々と売り抜けたに違いない。いくら成長が続いていても高くなりすぎたら売る。これはこの投資法の鉄則と言える。

激安価格で買えるチャンスがちょくちょく発生する

このようにカカクコムのような純粋な成長株は、そう安くは買わせてもらえないことが理解できただろう。ところがこれとよく似た成長株をPER6倍とか8倍とかといった激安価格で買える状況がちょくちょく発生する。

1つには、リーマンショックやコロナショックといった歴史的な暴落局面に有望株を買い向かう方法である。コロナショック時の私の投資体験については、前作

『エナフン流ＶＥ投資法』の中で詳しく説明したのだが、その例として取り上げたＭＣＪに再度登場してもらおう。

この会社は「マウスコンピューター」でおなじみのパソコンなどの製造小売会社である。この会社のＥＰＳは２０１３年３月期に10・４円だったものが２０２１年３月期には１０２円と８年がかりでざっと10倍に拡大した。その間のＥＰＳ成長率は何と＋33％。株価は２００８年のリーマンショック直後には14円だったものが２０２１年７月には１３８１円をつけ、この13年間で実に１００倍近い大上昇を演じた正真正銘の成長株である。

私はこの株をコロナショックの真っただ中にＰＥＲ６倍ほどで買うことができた。先ほどのＰＥＧレシオでいえば、軽く０・５を割り込み、今後の成長鈍化（鈍化と言っても、＋15～20％は期待できる）を仮定すると、０・３～０・４で買えたことになる。

なんでこんなことが可能だったのか？　先ほどのカカクコム株と比較して説明しよう。

まず、カカクコムの主力アプリ「食べログ」は今や日本のグルメの間で知らぬ者はいない人気アプリだ。そして日本人にはグルメが多い。一方で、MCJの主力ブランド「マウスコンピューター」にそこまでの知名度はない。最近は有名芸能人を使ったテレビCMなどで多少は知られるようになってきたが、その良さはまだ知る人ぞ知るレベルである。それが良い。

知る人ぞ知るレベルの時に株を買い、そのブランドが広く浸透した後に売ることができれば、とんでもなく大儲けできる。ユニクロもニトリもワークマンも上場当初は知る人ぞ知るレベルだった。

次に市場である。カカクコムは既に東証1部に上場しているが、MCJは2021年9月現在東証2部だ。これがまた良い。東証2部は、平たく言えば、2部リーグである。

あなたがチームを勝たせるミッションを背負うスカウトマンだったとして、もし実力が同じなら、1部リーグで活躍する名プレイヤーと2部リーグで頑張っているこれからのプレイヤーなら、どちらと契約を結びたいだろうか？　当然、全国的には知られていない2部リーグの方が、契約金は少なくて済むし、おそらく将来性は前者より高い。

図表19　MCJの株価推移

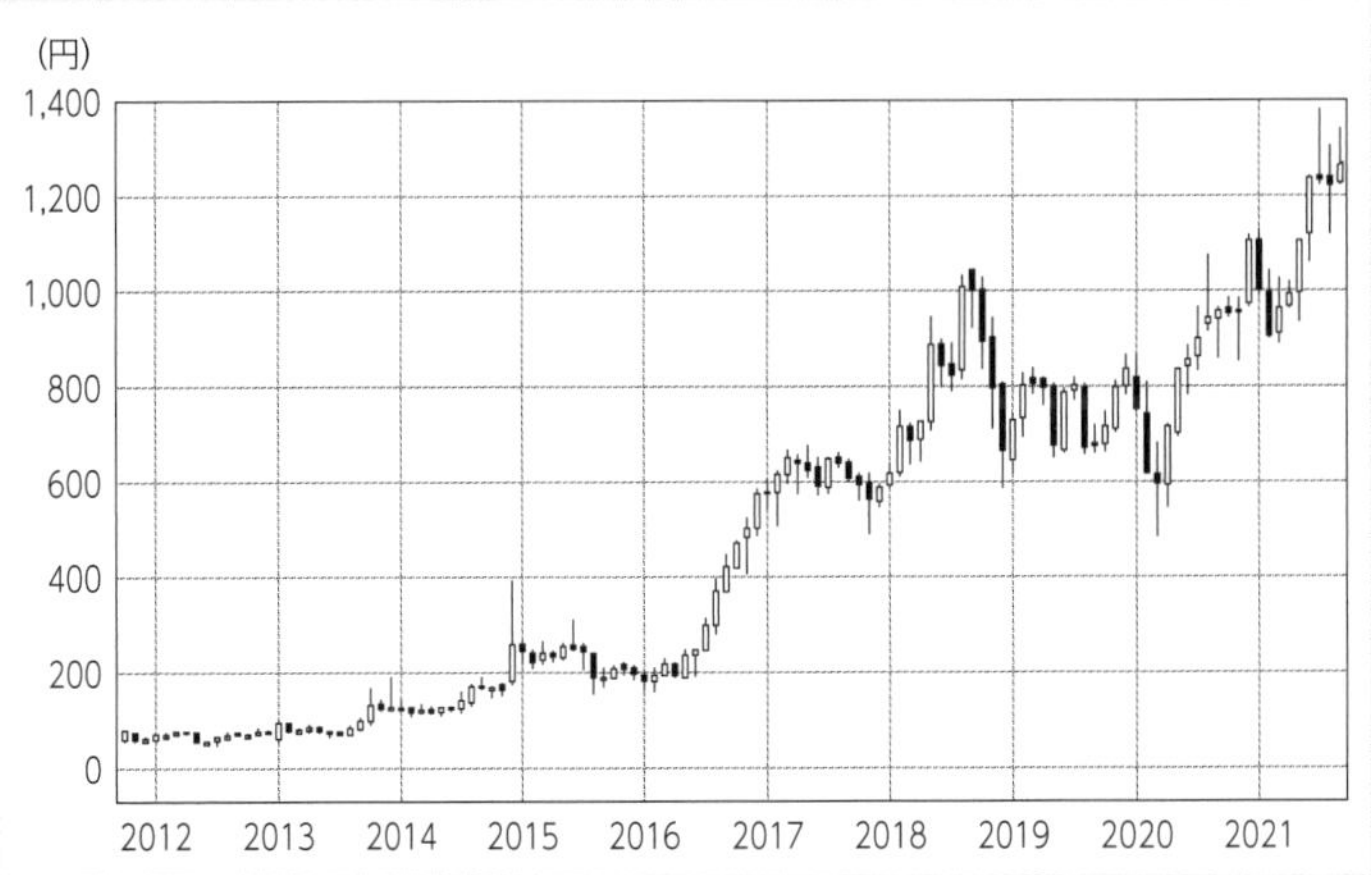

図表20　MCJの業績推移

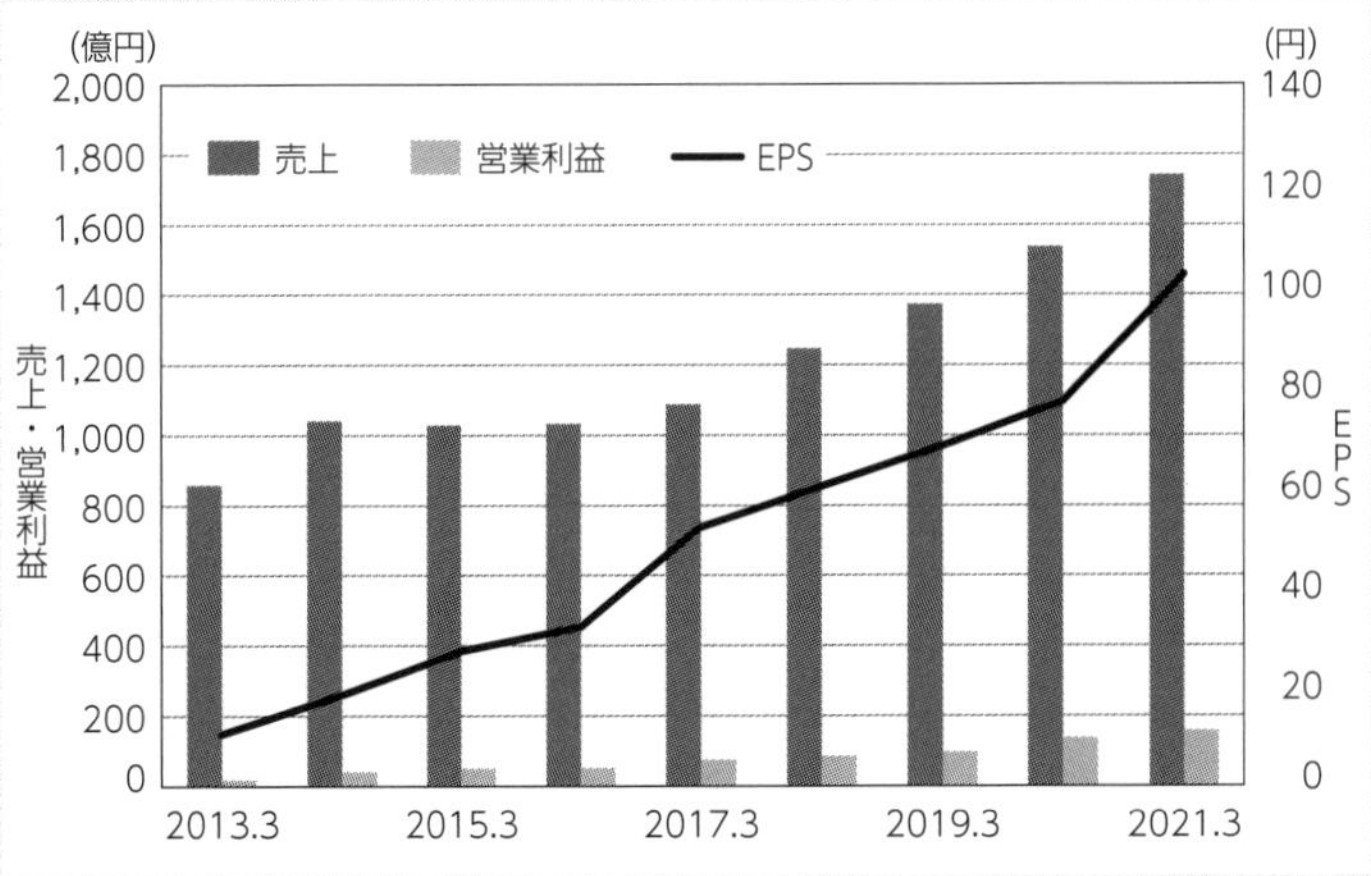

2022年4月に東京証券取引所の市場再編がなされるが、この会社の実力なら、現行の東証1部にあたるプライム市場に上場できる実力を十分に持っている。そうなれば、TOPIX（東証株価指数）に採用され、世界中のインデックス投資家からの買いが入るため、評価是正の上昇が期待できる。

最後にタイミングである。もう一度、MCJ株のチャートを見てほしい。2016年前半には200円ほどだった株価が2018年9月には1000円を超えて上昇している。2年ちょっとで5倍高だ。これだけ上昇すれば、さすがに利益確定の売りも増えたのだろう。その後、2019年末まで1年以上の間、600〜800円の価格帯で停滞が続いていた。その挙句のコロナショックだ。

私はコロナショックの真っただ中、2020年3月にこの株を平均買値610円ほどで買ったのだが、その水準は3年前の2017年3月ごろと同程度である。その間に利益を5割も増やしていた上、在宅勤務などのリモート需要でパソコン販売が急激に伸びることが予想されたにもかかわらずだ。

素人だからプロより有利なこともある

まとめると、成長性が高いにもかかわらず、何らかの理由で不人気な株を暴落局面で買うことができれば、その後のリターンは非常に大きくなる。市場平均に勝つための因子は、市場平均より高い成長性と市場平均より低い評価水準の2つなのだから、そこに意識を集中すればよい。時々、「プロでも市場に勝つことは難しいのに素人が市場に勝つなんて絶対に無理」という理屈を耳にすることがあるが、逆に素人だからプロよりも有利な面もある。

例えば、私がMCJ株を買ったコロナショックの真っただ中、多くのヘッジファンドは顧客の解約に応じるため、あるいは暴落によって資金繰りが悪化したために、次々と手じまいせざるを得ない状況に陥っていった。彼らの多くは、ロングショート戦略と呼ばれる、上がりそうな株を買い持ちしながら、同時に下がりそうな株を空売りする戦略を採用している。そのため、解約が増えたり、資金確保に走ったりすれば、その反対の動き、つまり、上がりそうな株を売り、下がりそうな株を買うという動きが加速するのだ。

「プロたちのお眼鏡にかなった良い株に限って、よく下がる！」。このラッキーを見逃さず、私は買える限り買いまくった。あとはひたすらホールドである。

小まとめ

- 成長株は3つに細分化される。純粋な成長株、再成長株、業績回復株だ。
- 純粋な成長株を安く買うには、不人気ジャンルか、暴落局面か、あるいはその両方を狙う。
- 大暴落局面では、「良い株ほどよく下がる」という不思議なビッグチャンスが訪れる。

②再成長株：成熟企業の変化に注目

このように書くと「よーし、自分も次の暴落局面には不人気成長株を買うぞ！」と気持ちがたかぶるかもしれないが、残念ながら、多くのヘッジファンドが解約に応じて手じまいせざるを得ないほどの大暴落というのはそうは頻繁に発生しない。また、不人気成長株というのは非常に数が少ない。

市場が安定してくると、過去のデータから類推可能な純粋な成長株を安く買うのはかなりしんどくなってしまう。どこを探してもそんな有望株は高評価となってしまう（だからこそ安く仕込むことができれば大きく儲かる可能性も高まるわけだが）。

そこで、次の手を用意しなければならない。再成長株である。成熟し切って大した成長が期待できなかった企業が、何らかの変化によって、急に成長が期待できるようになるタイプを狙うのである。こちらは過去データをいくらひっくり返しても見つからない。今と未来に目を向ける必要があるのだ。これについても、私のリアルタイムの投資事例からお話ししたい。

グローブライド（東証1部、7990）という会社をご存じだろうか？　おそらく多くの方はピンとこないだろう。では、世界的釣り具メーカーのDAIWAならどうだろう？　ずいぶん知っている人が増えたのではなかろうか。以前はダイワ精工という社名で上場していたのだが、ダイワブランドの釣り具以外にもゴルフクラブや自転車、プリンスブランドのテニスラケットなどを展開しているため、2009年に社名をグローブライドに変更している。

社名とブランド名が一致しない中小型株は思わぬ低水準に放置されることがある

やや余談になるが、この会社のように社名と主力ブランド名が食い違う中小型株は、割安に放置されがちなので狙い目である。商品が飛ぶように売れていても、それが直接社名につながらないため、株式投資に至りにくいのだろう。やはり多くの株式投資家はシステム1で売買している。そのブランドを展開する会社名を調べるという一手間が必要になっただけで買い手が格段に少なくなるのだ。

図表21　グローブライドの株価推移

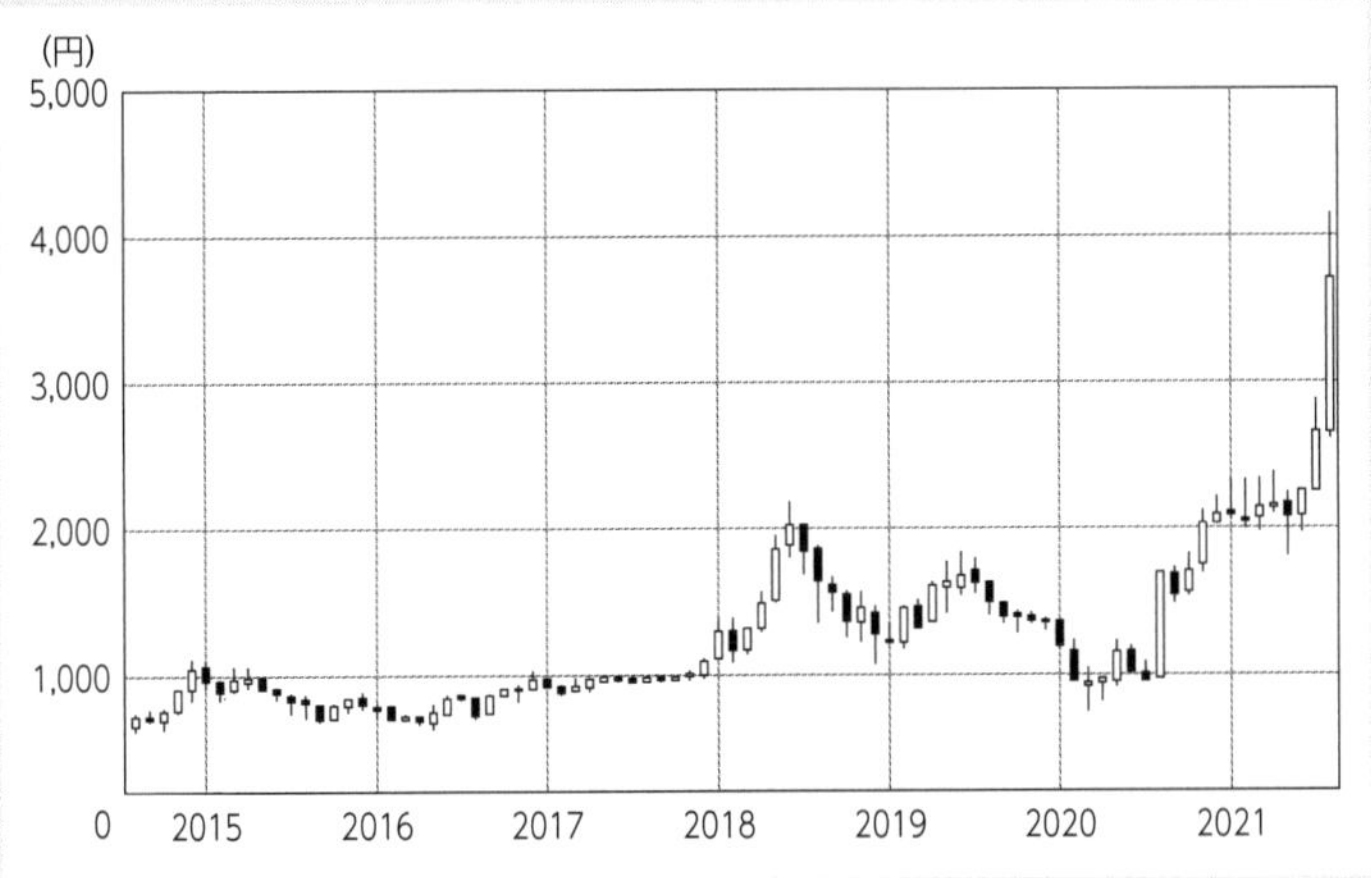

図表22　グローブライドの業績推移

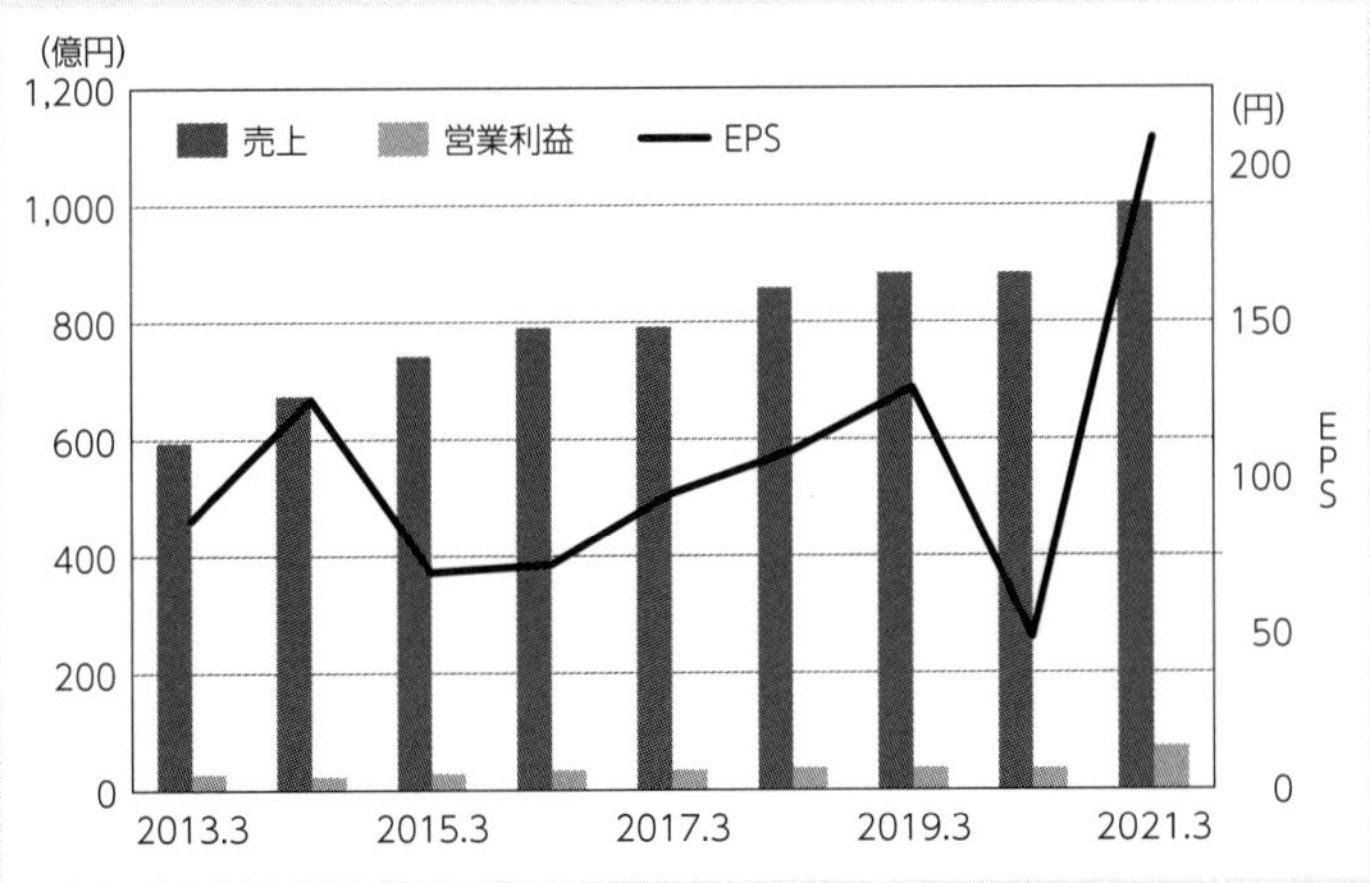

さて、グローブライドの業績（図表22）を見ると、2013年3月期から2020年3月期にかけては、売上・営業利益は微増傾向にあるものの、肝心のEPSが横ばい傾向にあり、どう見ても成長株には見えなかった。ところが、2021年3月期には突如200円以上のEPSを叩き出し（2021年9月に株式分割したため当時はその2倍）、それに合わせて、株価も急上昇が始まっている。どういうことか？

仮説をもとに関連株を1つ1つ調べてみたら…

コロナ禍の中で密を避けるレジャーが求められたことから、他人との接触が少ないフィッシングは世界的なブームとなっている。そのため、フィッシング関連株の代表ともいえる同社は業績が急拡大しているのだ。

このように外部環境の変化などによって、これまではそれほどでもなかった企業が再度成長を始めることがある。こういう株を私は再成長株と呼んでいる。

ただ、他のアウトドア関連株もそうだが、そのようなアウトドア消費はコロナが終息すると同時にブームが去るリスクが意識され、2020年後半に1000円付近から2000円付近まで一気に2倍高を演じたものの、その後半年間ほどは2000円付近で停滞していた（株式分割後。当時はこの2倍）。

私はこの停滞に目をつけた。確かに新型コロナウイルスはいつか終息するだろう。そうなると、巣ごもり関連株や衛生関連株は業績を落とすに違いない。しかし、アウトドアはどうだろう？　私のような田舎出身の人間から見ると、都市部に暮らす人々は自然体験が少なすぎるように感じる。いわゆる自然欠乏症だ。そのため、実際に山や海に出かけて、美しい景色を見たり、澄んだ空気を吸ったりしながら、釣りやキャンプを楽しんでしまうと、ついそれにハマってしまう。この行動変化はコロナがきっかけを与えたにすぎず、今後も長く続く可能性が高い。そもそもアウトドア人気はずいぶん前から始まっている長期トレンドだ。

こんな仮説をもとにアウトドア関連株を1つ1つ調べ、最終的にこの株に行きついた。もちろん、数あるアウトドア関連株の中からわざわざこれを選んだにはもう1つ理由がある。

実はこの会社、2020年に新しいアパレルブランドを立ち上げている。フィッシングシーンで見いだした発想を日常生活でも使えるように表現したダイワピア39

である。これが飛ぶように売れているのだ。

確かにポロやラグビーをやらない人でもポロシャツやラガーシャツは着るし、さして登山やキャンプに興味のないインドア派でもパタゴニアやノースフェイスといったアウトドアブランドを好んで身に着ける。フィッシングコンセプトのアパレルブランドがあっても別に構わないし、専用サイトで商品を見てみると実に機能的で目新しい。

この戦略の良いところは、ターゲットをこれまでのフィッシング愛好家からその他大勢の日常使いに拡大できる点にある。正直のところ、再成長要因が外部環境の変化だけというだけでは少々弱い。そういう外部環境の変化をとらえながら、うまく次の成長戦略を描いている企業を狙いたいのである。

ノースフェイスなどの人気ブランドを持つゴールドウィンが、この十数年程で株価を50倍以上に上昇させたのを知っていた私は、そのような大化けの可能性がある分、他の株ではなく、グローブライド株を2000円前後で集中的に買い進めた。

グローブライドの2022年3月期の予想EPSは250円弱。予想PERは8倍程度だが、まだまだ上方修正しそうな勢いである。後で振り返ってみると、私の平均買値２０６５円はＰＥＲで５〜６倍ではなかろうか。

株価は第１四半期決算の絶好調を受け、２連続ストップ高を交えながら急上昇し、９月６日現在４０４５円と２倍近い上昇となっている。

小まとめ

- 株式市場が安定期に入ると、純粋な成長株を割安に買うチャンスは皆無になる。
- そこで、これまではパッとしなかったが、新しい時流に乗って業績を急拡大させている再成長株を丹念に探したい。
- 社名とブランド名が一致しない中小型株は思わぬ低水準に放置されることがある。

③業績回復株：ピーター・リンチに倣ってV字回復を狙う

ピーター・リンチは1982年当時、リー・アイアコッカ会長率いるクライスラーの復活に賭けた大勝負で大勝利を収めている。GM、フォードと並んで米自動車産業のビッグスリーと呼ばれていたクライスラーは、この当時、倒産がささやかれるほど危機的な状況に陥っていた。しかし、事業整理が進んだことから、当面、資金繰りに問題はなく、既に損益分岐点付近まで業績を回復していたため、さらに売上が増えれば、急激に利益が拡大する状況にあった。

ピーター・リンチは丹念にそれらの財務分析を進めたうえで、クライスラーが社運をかけて取り組んでいる新型車に期待した。それはアイアコッカ会長が「21世紀の自動車の新しい形」と表現したミニバンだった。この新商品がその後バカ売れして大復活をしたわけだが、その前にピーター・リンチ率いるマゼランファンドは筆頭株主になるほどこの会社の株を買いまくり、ファンドの顧客を大儲けさせている。

このように行きつくところまで経営悪化した企業が大復活を遂げた時、業績の急拡大と「最低評価から大いなる称賛」への評価変化によって、株価は大上昇する。

これが業績回復株だ。

このクライスラーのストーリーにそっくりな日本企業がある。日産自動車だ。2018年にこの会社を復活させたカルロス・ゴーン社長が自身の報酬を少なく見せる有価証券報告書の虚偽記載により逮捕され解任。さらに同氏は2019年末にレバノンへの国外逃亡を図り、世界中から注目される大ニュースとなった。

この元トップのドタバタ劇により、日産は大混乱に陥っている。

業績は2018年3月期まで順調に拡大傾向を示していたが、2019年3月期には大幅減益。2020年3月期と2021年3月期は連続で大赤字となっている。ある経済紙が集計する倒産危険度ランキングでは第2位という不名誉極まりない銀メダルまで受賞した。この業績悪化が反映され、それまで概ね1000円を超えて推移していた株価は2020年には300～400円まで売り込まれ、2021年9月現在500～600円で株価が推移している。

ただ、もし、以前の輝きを取り戻すことができれば、2倍高は十分狙える水準だ。果たしてどうか。

まずは財務分析

こういう業績の悪い企業は、まずはピーター・リンチにならって、財務分析を行わなければならない。最悪、倒産ということになれば、投資額はすべてなくなる。

まず、資金繰りはどうか？　何はともあれ、キャッシュフロー計算書を見る。すると、意外にも、大赤字に泣いた2020年3月期、2021年3月期とも、営業キャッシュフローは大きく黒字であり、過去5年間にわたって1兆円を超えてプラスである。これに投資キャッシュフローを加えたフリーキャッシュフローも過去3年間は大幅な黒字である。自己資本比率24％はトヨタやホンダといった同業他社と比べればずいぶん見劣りするが、現金同等額は2兆円を超えており、すぐにどうこうなるレベルではない。この日産が時価総額で2兆円程度に評価されている現状は、とても割安な印象を与えてくれる。

一方で、本業の利益を示す営業利益の推移はどうか？　新型コロナが全世界に広がった2020年1～3月期と4～6月期はさすがに大赤字だったが、その後の2020年7月～2021年3月までの9か月間の累計では既に黒字化に成功して

図表23　日産自動車の株価推移

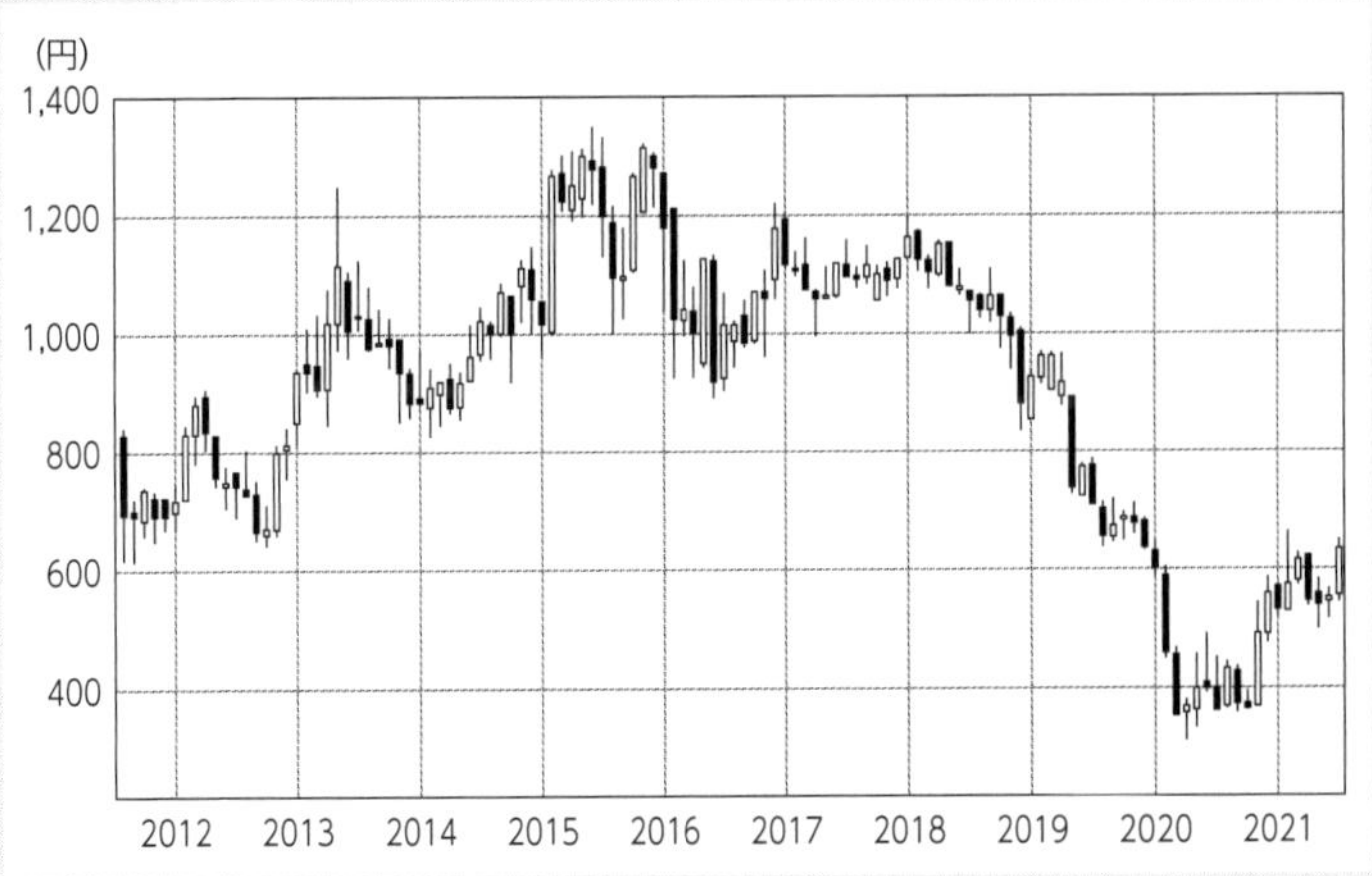

図表24　日産自動車の業績推移

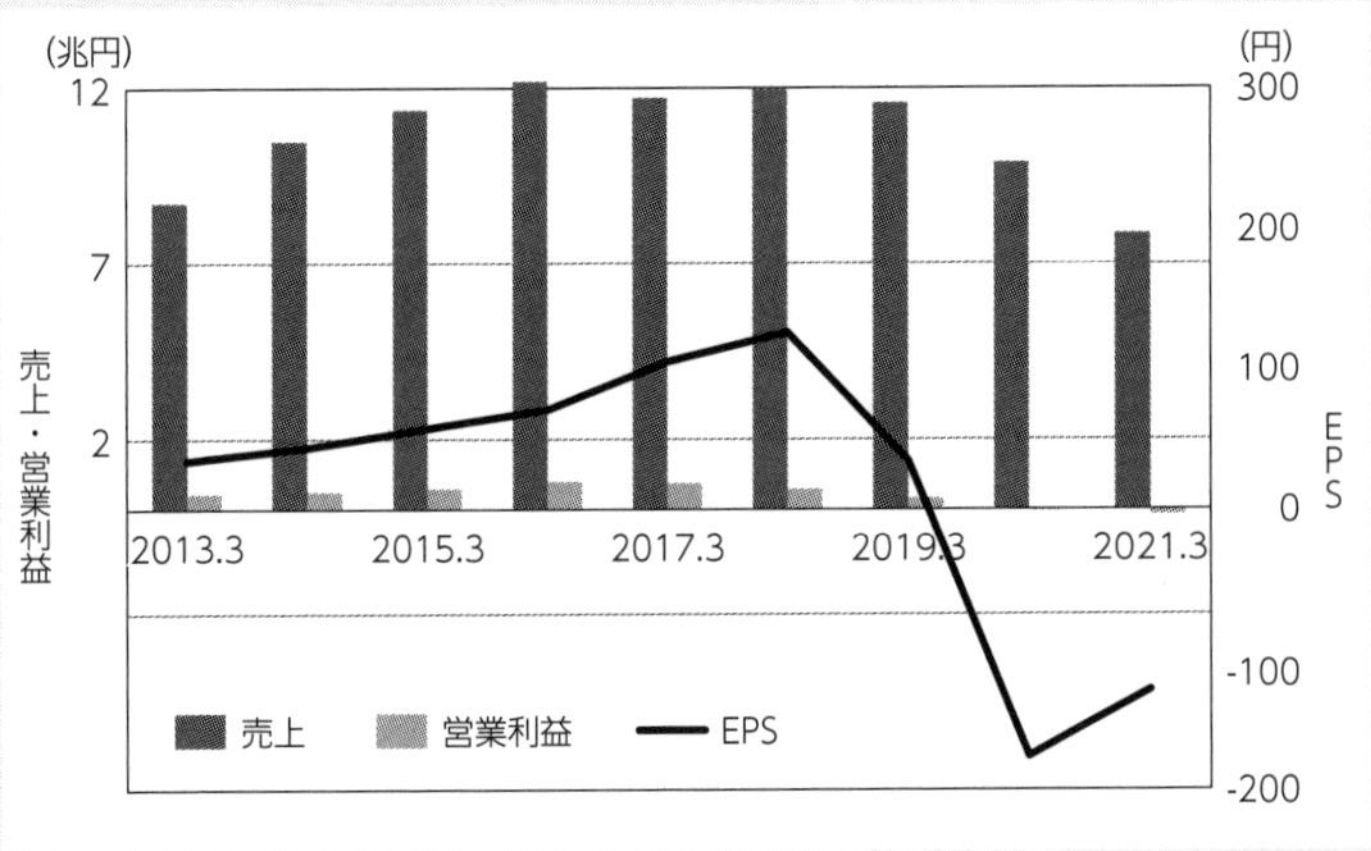

いる。ただ、世界的な半導体不足など、頭の痛い問題が続き、まだしばらくは損益分岐点付近の停滞が続きそうだ。ちょうどピーター・リンチがクライスラーを買った時と似ている。

そうなると、この株への投資の可否はこれからの業績にかかっている。果たして、日産車は今後飛ぶように売れ、以前の輝きを取り戻せるのだろうか？

「if」をつけてPERを算出

これについても、どうやらこの会社は手ごたえを感じているようだ。２０２０年末に発売された新型ノート。コンパクトカーにしては割高な価格設定だが、独自の新技術ｅ－ＰＯＷＥＲで差別化に成功し、これまではミニバンや高級大型車に乗っていたものの「今後は取り回しの良い小型車に乗り換えたい。しかし安っぽい車には乗り換えたくない」と考える中高齢者層に売れている。さらに、日産は国内では最も早くからＥＶに取り組んできた。脱炭素革命でＥＶは市場最注目カテゴリーの１つだが、この分野でも攻勢をかけ、年末発売予定の「アリア」は前評判も高い。

ｅ－ＰＯＷＥＲとＥＶという２つの戦略商品がどこまで受けるか、現時点では未知数だが、それがハッキリしてからでは株式投資としては遅すぎる。私は思い切って500円前後でこの株を買い、この会社の経営手腕に託すことにした。

ところで、純粋な成長株や再成長株は、PERや予想成長率からPEGレシオを割り出し、自分が割安に株を買えているかどうかを判断する目安が手に入る。しかし、業績回復株の場合、PERがはっきりするまで待っているようでは遅すぎる。そこで、頭に「if」をつけて、「仮に2015～2017年頃のEPS100～200円に業績が戻ったとしたら」という前提をもとにPERを算定する。

この場合、私が買った500円台前半というのは、PERで2・5～5倍程度が仮の実力値ということになる。仮に目標PERを自動車業界で妥当と思われる8～10倍に置くなら、目標株価は800～2000円ということになるので、2～3倍高は狙えるという算段だ。EV市場は、覇者テスラがトヨタよりも時価総額を大きく評価され、アップルやソニーも参入を検討する、これからの有望市場だ。仮に日産がこの市場で一定の成功を収めることができれば、より高いPER水準を目指す可能性もある。

新商品に「変化の兆し」を見つけたら、詳しく経営状況を調べる

さて、このような業績回復株の探し方だが、まずはクライスラーや日産のように本来高い実力があるはずの大企業が大混乱している状況を探そう。そもそも実力のない企業では、いくら優れた経営者が投入されたとしても大復活は難しい。

日産自動車の内田誠社長兼CEOは、ことあるごとに「日産はまだこんなもんじゃない」と言っているそうだが、次に見つけたいのは、そんな苦境に立った実力企業が「今に見ていろ！」と歯を食いしばって頑張っている姿だ。「こんな会社はだめだ」と社員の愚痴が広がっているようでは買いに値しない。実力企業の本気モードを探すのである。

その本気モードはどこに現れるか？　それは商品である。私はソニー株の大復活で大儲けした経験があるが、その時もきっかけは商品だった。

「こういう商品を作れるのなら、この会社、まだ死んでない」。そう信じられるなら、もう少し調査を広げると良いだろう。

ソニーも日産も売上の大半を海外に頼るグローバル企業だ。日産の2021年3

月期の海外販売実績は台数ベースで88％にも及ぶ。残り12％の国内販売車の数ある車種の1つが少々イケているからといって、すぐに全体の数字が変化するものではない。しかし、良い新商品を出せるというのが、最初に市場に現れる「変化の兆し」である。

新商品は、その会社の経営を映す鏡のようなものだ。良い新商品を見つけたらその会社の経営を調べるとか、逆にある会社の経営をいろいろ調べているうちに面白い新商品を出しているのに驚くといった気づきはとても大事である。

ある意味、システム1に頼った投資かもしれないが、システム1だけに頼っているわけではない。システム2も総動員し、財務分析や事業構造分析、外部環境分析などを施したうえで、最後は（あるいは最初は）定性判断に頼るわけである。

小まとめ

- 混乱している実力企業を見つけたら、その中から再興の動きを探すことで業績回復株を見つけることができる。
- まずは、倒産リスクを確認するために財務分析をし、特にキャッシュフローや借入を注視する。
- 商品が売れるかどうかで未来は決まる。しかし、未来に関してデータは存在しない。結局のところ、最後はあなたの直感に頼らざるを得ないが、それが正しい可能性は低くない。

5-4 景気に関係なくひたすら保有する前提で買う

最後に成長株投資をする場合の景気の影響について考えたい。3〜5年単位で長期投資をすると、あなたは嫌でも景気の影響を受けることになる。リーマンショックやコロナショックのようなひどい停滞局面もあれば、アベノミクスやトランプノミクスのような非常に強い景気拡大を経験することもあるはずだ。

素人考えなら、景気停滞局面に株を買い、景気回復後にそれを売れば儲かると考えるだろう。しかし、既に説明してきたように成長株や業績回復株というのは、そういう景気の良し悪しとは別の因子、つまり新たな需要の開拓やその企業の内部課題の解決により利益を拡大させるため、長期的な観点で見れば景気にはそれほど大きな影響を受けない。

そのため、成長株投資においては、景気に関係なくひたすら保有し続けることが前提で構わない。本当に良い株なら、変に景気動向に振り回されずにずっと持ち続けることが結果的に最も高い成果につながるだろう。

「シクリカル」「ディフェンシブ」というくくりも実は曖昧

ただし、そうは言っても成長株の中にも景気の影響を大きく受けるものが存在する。一般的に景気の影響を受けやすい銘柄群は、シクリカル株（循環株）とか景気敏感株と呼ばれる。反対に景気の影響を受けにくい銘柄群はディフェンシブ株と呼ばれる。

このシクリカルとかディフェンシブとかという分類は、成長株とは別軸で考えなければならない。つまり成長株は、景気の影響を受けやすいシクリカル成長株（シクリカルグロース株）と、景気の影響を受けにくいディフェンシブ成長株（ディフェンシブグロース株）に細分化できるのである。

私が買ったパソコン関連のＭＣＪやフィッシング関連のグローブライド、そして日産自動車は、すべてシクリカル株に分類される。成長株の3分類に重ねるならば、それぞれ、シクリカル成長株、シクリカル再成長株、シクリカル業績回復株と言えよう。反対に景気の影響を受けにくい医薬品や生活必需品を扱う銘柄だったなら、それぞれディフェンシブ成長株、ディフェンシブ再成長株、ディフェンシブ業績回復株となる。

ただ、この単純なシクリカルとかディフェンシブというくくりも最近は判然としない。例えば、新型コロナウイルスの影響で2020年度のGDP成長率はマイナス4・6％もの大不況だった。ところが、シクリカル株の代表格ともいえる住宅株や自動車株はむしろ売上を伸ばしているし、ディフェンシブの代表である医薬品株はコロナ不況下で冴えない動きをするものが多かった。

新型コロナウイルスのように、株式市場に大きな影響を及ぼす出来事は今後も発生するだろう。異常気象や巨大地震といった天変地異。ＡＩや遺伝子技術といった新技術の普及に伴う旧来産業の衰退。格差社会や主義主張の隔たりに伴う分断構造の拡大、内紛、戦争。何がきっかけになるかは分からないが、おそらくやってくるリーマンショック級の金融危機。などなど、一口に不況と言ってもその原因は様々であり、シクリカルとかディフェンシブとかというくくりでは説明しにくい状況が次々とやってくるだろう。世の中は不景気でも、パソコンやフィッシングに限っては好況ということも十分起こり得るのである。

「不況が来る」から「買う」でちょうどよい

もう1つ、景気という観点から説明を付け加えるなら、不況時には相場全体が下がり続けるかというとそうとも言えないし、好況が続く限り上がり続けるのかというとそれも違う。新型コロナウイルスの影響で消費が停滞し、誰の目にも不景気が明らかになった2020年5月ごろには既にずいぶん日経平均株価は上がり始めていた。不況が来るのは間違いないから「株を売る」というのでは遅すぎる。不況が来るのは間違いないから「それを織り込んで株価が割安になっている今、株を買う」くらいの感覚でちょうどよい。

一方で、株式市場が活況を呈し、相場全体が押せ押せムードになってくると、シクリカルとかディフェンシブとかといった分類に関係なく、業績拡大が続く成長株は総じて評価が高まり、最終的には異常な水準まで株価を押し上げてしまう。そうなると、たとえその後もまだまだ景気拡大が予想されていたとしても、株価は上がらなくなるし、むしろ下がりだす。

景気の先行きを読むのは難しいが、株価が異常水準かどうかは読むことはできる。不況時に株を買うというスタンスではなく、異常低水準の株を買うというスタンスなら、結果的にほぼベストのタイミングで株を買うこともできるし、あまりに株価水準が高くなれば、それを手放すという判断をすることにより、後から振り返ってみると、まずまずのタイミングで売り抜けることに成功するだろう。

小まとめ

- 景気の影響を受けやすいシクリカルグロース株とその反対のディフェンシブグロース株という分類の仕方を知っておこう。
- ただし、好況も不況も毎回同じパターンが繰り返されているわけではない。ディフェンシブと思われる銘柄の一群が不況下で下落することも、シクリカルと思われる銘柄の一群が不況時に上がることもある。
- 結局のところ、その会社の実力に対して株価が大幅に割安なら買い。大幅に割高なら売りというスタンスで構わない。

第6章

本物のビッグチャンスをものにする

6-1

「5のルール」＝最高の5銘柄に絞る

5のルールというのがある。これは投資先企業を5つ程度に絞るのが良いという、個人投資家向けのおススメ投資法のようなものだ。私はこれをずっと実践してきた。実際やってみて納得できたのだが、確かに集中と分散のバランスが良く、大けがをすることなく、安定的に利益を出すことができる。ここでは、この5のルールについて解説したい。

まず、もし、予算が100万円あるなら、概ね、20万円ずつを1銘柄に充てる発想で有望株を5つ探してほしい。もしかすると、見つかった有望株の株価は4000円かもしれない。100株単元なら最低でも40万円必要になる。それならそれで構わない。少々いびつになっても構わないので、自分が有望と思う株を5つ買う。

仮に一生懸命探しても、3つしか良いのが見つからないということもあるだろう。それならそれで構わない。3銘柄に概ね60万円の予算を配分し、残りの40万円はインデックスファンドか何かで運用すればよい。もし自信満々ならその3銘柄に予算を全部使い切っても構わない。将来ほかに良い株が見つかれば、インデックスファンドや保有株の一部を売って4銘柄目を買うようにする。何が何でも5銘柄買うという発想はやめた方が良い。とにかく自分が納得できる最高の銘柄だけで構成するようにする。

逆に8銘柄見つかってしまったなら、できる限り5銘柄に寄せるようにする。最高の5銘柄に絞る作業をすることであなたの投資力は次第に高まる。ただ、どうしても甲乙つけがたい8銘柄が残るなら、別に8銘柄でも構わない。何が何でも5銘柄というルールではない。

しかし、50銘柄も100銘柄も保有するというのは、この投資法ではお勧めしない。銘柄選びが雑になるし、うまくいった時のリターンも小さくなる。

初心者のうちは5のルールを守って投資力を高めることに専念すると良い。将来、投資力がついて、大金を扱うようなことになれば、少しずつ銘柄数を増やしても構わない。

実力がないうちは少額でトレーニング

とりあえず、仮に100万円という予算を前提に話をしているが、「そのような大金は持ち合わせていない」というのであれば、例えば、最近はLINE証券などいくつかの証券アプリでは1株単位で株取引ができる。そういう少額投資サービスを利用して数千円から練習を始めるのも良いだろう。

逆に資金力があるなら300万円でスタートしていただいても構わない。さらに言うと、ずいぶん余裕があるので2000万円で個別株投資を始めたいという人もいるだろう。もちろん、何億円も余裕資金があるうちの2000万円というのであれば大変結構な話だ。どうぞ2000万円で始めていただいて構わない。

しかし、「退職金が2000万円入った。これまでのたくわえと年金があれば、最悪でも老後は何とかなるので、余裕資金は2000万円だ。それを全部、5のルールで運用したい」という方は、ちょっと待ってほしい。

あなたはまだこの投資法の初心者だ。実力もないのにいきなり大金をかけるべきではない。2000万円も退職金がもらえるなら、あなたはおそらくビジネスマンとしてそれなりの成功を収めているだろう。ただし、それと株式投資とは似て非なるものだ。あなたはビジネスマンとしては優秀だったかもしれないが、投資の世界ではド素人だ。実力がないうちは少額でトレーニングした方が良い。そして実力が高まるにつれて金額を増やす。株で大損をする人は、大抵、実力がないにもかかわらず大金を突っ込んで、痛い目に遭う。

とりあえずは100万円くらい用意して5のルールで運用し、残りは定期貯金や保険といった安全資産とインデックスファンドやETFといった比較的リスクを抑えた投資商品で運用してはどうだろう。初心のうちは少々用心深いくらいでちょうどよい。

もしかすると、あなたは銘柄選びの天才で、後で振り返ると、「あの時、2000万円ブチ込んでおけば良かった」となるかもしれない。もし、そんな天才なら心配いらない。また同じことをすれば、いつでも儲けられる。「いや、あの時なら何とかなったが、今後はどうにもならない」と言うのであれば、あなたは銘柄選びの天才ではない。そのうち、ひどい目に遭う。まずは実力をつけることを優先すべきだ。

心配はいらない。いつか必ず暴落は来るし、とんでもない不人気成長株も登場するし、実力企業が混乱に陥ることも必ずある。まずは練習に専念し、そういうビッグチャンスがやってきた時に、おもむろに投資額を増やせるように準備をしておくのだ。

考え方1：実力に応じて投資額を増やす
考え方2：チャンスに応じて投資額を増やす

本物のビッグチャンスは、人々の心理の裏側に存在する

株式市場は嘘や噂や心理戦で汚れきっている。「一見、ビッグチャンス」はそこら中に転がっているが、それらの大半は罠だ。あなたは簡単に財産を何割も失うリスクにさらされている。

本物のビッグチャンスは、人々の心理の裏側に存在する。「大変な暴落が始まった。株はまだまだ下がる。早く全部売り抜けた方が良い」などという意見がネット

上であふれ出したら、必死になって成長株を探した方が良い。そういう時にこそ、最高の成長株が安く買える。

また、不人気成長株は、大抵、どこを探しても大して話題に上らない。だから不人気なのだ。じっくりと探索する力が試される。慌てる必要はない。5のルールに従って、5銘柄を3～5年保有する戦略なら、1年間に1つか2つ新規銘柄を発見するだけで、ポートフォリオを回すことができる。おそらく本気で探し始めれば、割安かつ成長株っぽい銘柄が10や20は見つかるだろう。その中から吟味を重ね、「この会社なら」と思える1～2社に絞り込む。さらに、それと現在保有している5銘柄とを比較して、入れ替えするかどうかの最終判断を下すのである。

実力企業が混乱に陥っている時、ネット上には悪口があふれ、倒産のうわさも流れだす。その結果、業績回復株を買うための第1条件、すなわちとんでもない割安株という条件が整う。あとはその企業の本気の挑戦が始まるかどうかだ。

工場閉鎖や従業員解雇などのショッキングなニュースの裏で、「おやっ」と思える新商品が出ているかどうかを探す。ムダな出費を抑え、勝ち目のない戦いから撤退し、勝てる事業分野に集中的に経営資源を配分する。そんな教科書的な改革が進んでいるかどうかを確認しながらも、その経営改革の集大成ともいえる、魂のこもった新商品から本気度を探るのである。

小手先の工夫でちょっとした差別化を図っているだけなら不合格。新技術や新コンセプトを惜しげもなく突っ込んだ、どこにもないその企業ならではの新商品が投入され、しかもそれが市場に受け入れられているようなら合格。あとは細かいことは気にせず、その会社の経営陣を信じて、株を保有し続けるだけである。

退職金を2000万円もらえるほどビジネスマンとして成功した知識や経験は、投資力が上がってくると大いに役立つ。しかし、初心者のうちはむしろその知識や経験が裏目に出る。無情で不確実で攻撃的な株式市場は、社員同士助け合い、組織の論理の中で、お客様の信頼を勝ち取ってきた企業社会とは全くもって別世界だ。下手な自信は確実にマイナスに働く。しかし、株式市場の短期変動とは距離を置き、企業の成長に賭ける長期投資法が理解できた暁には、それらの知識や経験をそのまま企業の実力を計るモノサシとして使うことができるだろう。

バイ&ホールドでは短期トレードと反対の発想が求められる。長期投資がうまくいかない人の多くは、ニュースや噂に対して過敏すぎる。もっとじっくりと腰を落ち着かせ、企業の経営をしっかりと見続ける姿勢が大切だ。企業は何もやっていないわけではない。少々の問題は大抵、乗り越えてくれる。ちょっとマイナスな何かがあるたびに株を売るようでは長期投資は続かない。

短期トレーダーは俊敏さが試されるが、長期投資家は鈍感さが試される。短期トレーダーは投資家心理を見るが、長期投資家は投資家心理に左右されるべきではない。短期トレーダーはトレンドを重視するが、長期投資家は根拠のないトレンドを逆手にとって売買する。

上がりそうだから買うのではなく、安くて良い会社だから買う。下がりそうだから売るのではなく、実力と比べて高すぎるから売る。

このような長期投資の基本をマスターするために、まずは5のルールをもって少額で練習を始めるのは大いにお勧めできるやり方なのである。もちろん、ベテランであっても、これまで何のルールも持たずにやみくもに投資対象を拡大してきた方にもお勧めしたい。

6-2

「億り人」へのスタート

余裕資金の30％を個別株投資に投入する

さて、あなたは少額で練習を2～3年ほど積んだとしよう。SNSや掲示板で目にする銘柄情報のほとんどが全く役に立たないか、むしろマイナスのモノばかりであることを思い知り、一方で、自分で調べて探し当てた割安かつ成長株は人々が考えている以上によく上がることが理解できたとしよう。

さぁ、勝負である。ところがここで問題が発生する。

「じゃあ、いったい、いくら投資するのが良いのだろう？」

これについてピーター・リンチは明確だ。「全額株式投資に突っ込むのが良い」。

私の経験からもこの考えはおそらく正しい。過去、株で儲けた資金で株式以外の投資商品や太陽光発電といった実物資産にも投資してきたが、株式投資はそれらのリターンをはるかに上回る。結論から言うと、全額、株式投資に突っ込み続けた方がよっぽど大金持ちになれた。ただし、それは過去の私にとってのずいぶん未来から見た結論であって、リアルタイムで投資を続けていると、常に先は危険で恐ろしいものに見える。

私自身は、思い切って勝負に出ると決めた時、余裕資金の30％を個別株投資に投入することにした。30％でしばらくやって自分でも儲けられると自信を持つことができたなら、ピーター・リンチを信じて、全額を個別株投資に突っ込もうと考えたのだ。

この時の判断は悪くなかったと思う。株式投資の場合、他のギャンブルと違って、借金をしない限り、賭け金が完全に0になる可能性は低い。上場企業である限り、投資先企業が倒産するリスクは極めて低い上、5のルールで5銘柄保有しているのに、そのすべてが倒産するなんてことはまずあり得ない。

ただ、5銘柄に分散していても30％くらい財産が減ってしまうということは割と頻繁におこる。この場合、全体の30％を投資して、それが30％減ったわけだから、30％×30％＝9％なので、全体から見れば1割以内の損失だ。「その程度なら耐えられる」。私はそう判断した。

一方で、ちゃんと調べて慎重に投資対象を選んだなら、数年で財産を2倍に増やすことは十分可能だ。仮にあなたの余裕資金が1000万円でそのうちの30％＝300万円を投資し、それが2倍になったなら＋300万円の儲けである。ざっと自動車1台分だ。このくらい儲かれば、投資のし甲斐もあるだろう。

30％減っても耐えられるし、2倍になれば十分嬉しい金額、というのは人によってはもっと少ないかもしれないし、もっと多いかもしれない。ただ、いずれにせよ、儲かった時の未来だけを想像して投資額を決定するのではなく、損をした時の惨めな自分を同時に想像しながら投資額を決定することが重要だ。明日、巨大地震が日本列島を襲うかもしれないし、再度、未知のウイルスが世界に広がるかもしれない。

投資資金の拡大

さて、そのようにして投資額を余裕資金の30％と決めて、5のルールで勝負に出たとしよう。そして、仮にうまくいって、狙い通り、それが2倍になったとしよう。そうすると、余裕資金全体からみた個別株の投資割合は30％を大きく超えてくる。余裕資金が1000万円だったのであれば、個別株は300万円から600万円に増え、全体では1000万円が1300万円に拡大する。この時、個別株の投資割合は600万円÷1300万円≒46％となっている。ここである考えが浮かぶかもしれない。リバランスという考え方だ。

もう十分儲かったのだから、再度1300万円を分母にして、投資割合を30％に引き下げるという発想だ。この場合、1300万円×30％＝390万円を5のルールの個別株投資に充て、残りは他の金融資産に振り向けるのである。もちろん、そうしたいなら、それを否定したりはしない。ただ、先ほど説明した考え方を、もう一度、思い出してほしい。

考え方1：実力に応じて投資額を増やす
考え方2：チャンスに応じて投資額を増やす

この考えに従えば、あなたがやるべきはむしろ逆だ。投資額を増やすのである。リバランスを繰り返すようでは、あなたの人生が劇的に変わることはない。いつまでたっても大金持ちにはなれない。

もちろん、考え方2に従って、大きなチャンスを見つけられればという前提はつく。有望株を見つけられないにもかかわらず、投資額だけを増やすのはやめた方が良い。

しかし、「自分の持つ5銘柄は成長性が高く、しかも割安だと確信が持てるし、本当はもっと買いたい」と思えるのであれば、投資額を拡大させよう。あなたは既に5銘柄に分散して平均して2倍に増やした実力がある。その過程では思い通りに株価が上昇せず、むしろ下落する苦しさも味わっただろう。SNSやネット掲示板との付き合い方も心得たはずだ。ド素人時代とは明らかに違いがある。

ただ、この段階でピーター・リンチを信じて全額を個別株投資に放り込んでしまうのはちょっとやりすぎかもしれない。たまたま流れが向いて2倍になっただけかもしれない。そこで、例えば、1300万円×60%＝780万円とか、×70%＝910万円に増やすという発想はどうだろう。

あなたは既に300万円儲かっている。増額して勝負した910万円の投資がうまくいかず、仮に30%財産を減らしたとしても、910万円×30%＝273万円の損だ。まだ、当初と比べて負けているわけではない。逆にもし再度2倍にすることができれば910万円の儲けである。これに成功すると、あなたの余裕資金は2210万円、当初の1000万円と比べて2・2倍に財産は増え、うち1820万円が個別株、残り390万円が他の金融資産となる。ついに億り人へのスタートが切れるのだ。

株式投資は「ほぼギャンブル」

時々、ネット上で、株式投資はギャンブルかという議論が巻き起こる。株はゼロサムゲームではない。つまり、閉じた世界でカネの分捕り合戦をやっているわけではないので、ギャンブルとは言えない。そんな主張もあるが、私は、株式投資はほぼギャンブルだと思う。「ほぼカニ」という商品名のカニ蒲鉾が本物のカニではないのと同様、ほぼギャンブルも本物のギャンブルではない。しかし、ギャンブルと同じ性質をいくつも持っている。

政府や金融機関は株式投資にダークなイメージを持たせたくないため、そのような表現は使わないだろうが、本気で投資に取り組むのであれば、ギャンブル的要素に目を背けるべきではない。

ただし、私はギャンブル＝ダークな存在とも考えていない。日本のギャンブルの代表格である麻雀や競馬は汚いものかといわれると、別に麻雀や競馬そのものは汚いものではない。将棋や陸上競技と同様、それそのものはゲームやスポーツの類である。

ではなぜ多くの国民がそれを汚く感じるのか？　それは、そこにのめり込み、あり得ないほどのカネをつぎ込んで、家族や人生を台無しにする人が後を絶たないためだ。

この点に関しては株式投資も同じである。株式市場自体は資本主義システムの心臓部であり、重要な機能を担っている。あなたが余裕資金で株式投資をすることを誰も否定できない。しかし、様々なリスクを理解することなく、そこにのめり込み、過大な勝負をしてしまうために、家族や人生を台無しにしてしまう人が後を絶たない。

あなたがいくら投資するかは、あなたの勝手だ。誰かにとやかく言われる筋合いはない。自己責任である。しかし、株式市場は、知識も能力もない人間に対して自己責任を問うのにはあまりに残酷な側面を持つ。

余計なお世話とは思ったが、投資額を慎重に増やしながら、知識や経験を習得する順番をお伝えした。株式投資はほぼギャンブルである。ギャンブルでは、「どこに賭けるか」と同等かそれ以上に「いくら賭けるか」が重要な要素となる。参考にしてほしい。

6-3 「良い勝ち」と「悪い勝ち」

損した時にどう考えるか?

さて、うまくいった時のイメージトレーニングはできたとして、うまくいかない場合はどうか? 先ほどの例でいえば、300万円を個別株に投資して、狙いに反して30%も損をし、210万円に軍資金を減らしてしまった場合だ。この場合も、余裕資金全体では9%しか損をしていない。まだ910万円ある。ここで、あなたは2つの考えの板挟みにあうだろう。

「自分には実力がないから30%も損をしてしまった。まだしばらくは投資額を増やさず、210万円の範囲で投資を続けよう」。一方でこんな考えもある。「自分は慎重に成長株を探索し、十分に割安に買ったにもかかわらず、30%も下がってしまった。ということは、VE投資法でいうところの〈EPS↑株価↓〉の状態であり、ビッグチャンスではなかろうか。今こそ資金を増額させて勝負に出よう」

損を取り戻そうと執着して、さらに資金を投入するというのは、ギャンブルの世界では、最も負けが込むパターンだ。前者は正しい。一方で慎重に投資対象を選んだにもかかわらず、平均して30％も財産を減らすという状況はかなり面白い。平均して30％ということは5銘柄のうちのいくつかは半値近くに下がっており、おそらく結構な大暴落に巻き込まれたのだろう。気持ちは萎えているかもしれないが、ここそチャンスという発想は悪くない。後者も正しい。

では前者と後者の違いは何か？　実は、投資力の問題か、不確実性の影響を受けただけかの違いである。

もし、相場全体が大して下げているわけでもないのにあなただけが大損をしているようなら、おそらく投資力の問題だ。資金を増やすべきではない。もし、あなたが勝負に出たタイミングが悪く暴落に巻き込まれただけなら、少々は資金を増やした方が良いだろう。「考え方2：チャンスに応じて投資額を増やす」である。

「悪い内容で勝つ」と、いつかすべてを失う

麻雀の裏プロの世界で代打ちとして超絶的な強さを誇った桜井章一氏は『ツキの

正体』（幻冬舎新書）という本の中でこう書いている。

「内容と勝負の関係を、私はこう考えています。理想的なのは、『良い内容で勝つ』こと。次に望ましいのは、『良い内容で負ける』こと。3番目が『悪い内容で負ける』ことであり、最も下なのは『悪い内容で勝つ』こと」

不確実性が支配する株式市場では、本来上がるべきではない株が大上昇することもあるし、実力的には下がるはずのない銘柄が大きく下がることもある。

巧みな心理戦と強引な買い上がりで勝ちを取りに行く仕手株、大した実力もないのにイナゴ投資家が殺到する話題の人気株、アルゴリズムを使った仕掛け的な空売りなど、様々な理由で相場は歪む。

長期投資で大事なことは、そのような実力と無関係な値動きに自ら乗りに行かないことである。桜井氏が言う「内容と勝負の関係」でいえば、最も下の「悪い内容で勝つ」を狙わないことだ。一時的に勝てたとしても、長期的に勝ち続けるのは難しい。すべてを失う投資家は大抵皆そこにハマる。

あなたは、気が付くと、そういう悪い株ばかりを探してしまっているのかもしれない。その結果の負けであれば、投資額を増やすべきではない。冷静に自己分析してもらいたい。

長期投資で成果を上げたいなら、ひたすら「良い株を安く買う」に徹するべきである。桜井氏の表現を借りれば、**理想的なのは「良い銘柄で勝つ」こと。次に望ましいのは「良い銘柄で負ける」こと。3番目が「悪い銘柄で負ける」ことであり、最も下なのは「悪い銘柄で勝つ」ことである。**

もしかすると、あなたは「良い銘柄で負けている」だけかもしれない。それならば話は別だ。慎重さを失うべきではないが、投資額を増やすという選択もあり得る。長期的に雪だるま式に財産を増やし続けたいなら、良い銘柄を選び続けることが大切だ。そこに向かって実力を高めるのである。

最後は自己責任である。しかし、もし、そのような状況に置かれたら、ぜひ、桜井氏の言葉を思い出してもらいたい。おそらく、そこが投資人生の重要な分岐点となるだろう。

小高い丘の上から大砲をぶちかます心得

理想的なのは「良い銘柄で勝つ」こと。次に望ましいのは「良い銘柄で負ける」こと。これこそ、バイ&ホールドの奥義と言える。結局のところ、上がろうが下がろうが、良い銘柄を持ち続けるだけで良いのである。短期的な株価変動なんて関係ない。「いろいろ問題のある銘柄だが、話題性もあるし、うまいことやって勝ってやる」などと曲がった考えに囚われるから、株式投資が苦しくなる。SNSやネット掲示板のたわいもない言動に左右され、短期的な値動きに一喜一憂することになる。

まずは投資力をつけること。これも重要だ。株式投資においては、壁はいきなりやってくる。最初の壁が最大の壁であり、その先は次第に低くなる。

ロールプレイングゲームなら、最初は弱い敵と戦って経験を積ませてもらえるが、株式投資では、いきなりボスキャラクラスと戦うことになる。ここで大半が討ち死にする。討ち死にしないためには、いきなり大金を突っ込まないことだ。少額でボスキャラと戦って、経験値を積むのである。

一度、ボスキャラとの戦い方を理解すれば、あとは同じことの繰り返しで何年も何度でも勝ててしまう。とにかく、そこを目指すのである。

そのための枠組みとして5のルールは優れている。投資対象を5銘柄とすることで、有望株を1銘柄見つけても満足しない。「もっと他に良いのがないのか？」と探索する練習をしながら投資力をつけることが可能となる。逆に8銘柄見つけてしまった時に、その中でもより有望な5銘柄に絞る努力も企業分析力を高める。勝つことが目的ではない。良い銘柄を見つけて、それを強い信念で保有し続けることを目的とする。

では、良い銘柄とはどういう銘柄か？　これについては、変に凝り固まることなく、常に新しい情報を入手して、柔軟な発想で探索を継続することが重要だ。一応、本書でも割安成長株の見つけ方を具体例も交えて説明したが、これについては、100人いれば100種類の見つけ方があって構わない。「成長が期待できる銘柄を割安に買う」という原則さえ忘れなければ、あなたならではの成長株を見つけることができるだろう。

ただ、システム1だけに頼った、ノリと勘の投資法はよろしくない。必ずシステム2を呼び出して、丁寧な企業分析を実行する。その上でなら、あなたの感性を活かしていただいても構わない。

どうだろう？　悪意あふれるネットの泥沼と不自然で攻撃的な短期変動から十分距離を置き、小高い丘の上から大砲をぶちかます準備はできただろうか？

あとは実践するのみである。

割安成長株で勝つ
エナフン流バイ＆ホールド
基本戦略53カ条

丘の上から
大砲をぶちかます

ここまで解説してきたことの締めくくりとして、文中に記した［小まとめ］を再度掲載しておこう。バイ&ホールドでの投資を始めてみて、迷ったときの参考にしてほしい。あるいは儲かったとき、失敗したときに、自分の投資法を見直すためにも役立つと思う。

①情報との付き合い方

SNSや掲示板のワナ

●SNSやネット掲示板の情報を根拠に売買してはいけない。
●それらの情報の多くは悪意を帯びていたり、勘違いを含んでいたりする。
●スタイルの異なる複数の投資家からノウハウを得ようとすると、むしろ混乱する。
●あえて情報を遮断したり、絞ったりする努力が有効である。

行動経済学が教える投資心理の落とし穴

●株価を頻繁に見続けると、損失回避バイアスの影響を受けて、勝っていても負けた気分になる。

●アンカリング効果によって、誰かが考えた根拠薄弱な目標株価を見てしまっただけで、あなたの目標株価も変化する。

●SNSと株価情報を頻繁に見続けながら短期トレードを続けると、中毒化・依存化し、人生を台無しにするリスクが高まる。

②バイ＆ホールドが有効な理由

オーソドックスなスタイルこそが勝利への近道

●短期視点と長期視点で企業の価値が異なって見えることがある。

●そういう現象を逆手に取って長期投資することで大きな成果につながる。

●5年以内のどこかのタイミングで2倍になることを前提に投資するのであれば、それほど厳密な予想は必要ない。

大多数とは逆方向を見る

●多くの人が見向きもしない投資対象や、多くの人が売りに回るタイミングで買い向かうことにより、市場平均とは異なる結果を手にすることができる。
●その場合、統計学でいう平均回帰によって成功する可能性が高まる。
●同じ理由で、人気企業や絶好調企業ばかりを追いかけると、逆にパフォーマンスを落としてしまう。

空売りと比較した場合の優位性

●株は高値方向には制限がないが、下値方向には0円という絶対的地盤が存在する。
●割安株には様々な視点からの買い手が存在する。
●踏み上げ相場になると企業の実力をはるかに超えて、大きく上昇することがある。

株式市場はバイ&ホールドに有利にできている

●反対側の視点を持つことでバイ&ホールドの優位性を知ることができる。
●長期保有することで、配当をもらい続け、手数料を最小化することができる。

- 時間を味方につけることで、心理戦の泥沼を離れ、小高い丘の上に立つことができる。

③やるべきこと、やってはならないこと

予想に幅を持たせる

- 3～5年で2～3倍以上といったざっくりとした目標で長期投資する。
- 毎年何％とか毎月何％といった短期目標は設定しない。
- 損切りはしない。レバレッジのかけ過ぎは禁物。

平均回帰を利用する

- EPSと株価の変化を追うことでバリュー（上昇余地）を見つけることができる。
- この投資法では、数年単位の成長傾向を予想し、同時に一時的な業績変動の原因を確認することが重要。
- 四半期単位の短期的な業績変動と株価だけを見て、バリューを判断してはいけな

い。

「システム1の頭脳」を封印し「システム2の頭脳」を働かせる

- システム2を呼び出し、丁寧な調査と分析を実行した場合のみ、売買するよう心がける。
- システム1だけを使ってノリで売買を繰り返してはいけない。
- 人気絶頂の材料株を買ってはいけない。

時間を味方につける

- 成長という大波を狙うのであれば、数か月単位の小波は無視する必要がある。
- ただし、あまりに人気化し急激な上昇となれば、売り抜けてよい。
- 性格や環境が短期トレードに向いていない人は、長期投資を勉強すると良い。

④長期投資で勝つための「鈍感力トレーニング」

日々の株価を気にしないための心得

- 値動きやSNSといった刺激の強いネット情報をあえて見ない努力をする。
- 一方で、見てしまっても、間違った行動を起こさないように、いくつかの工夫を施す必要がある。
- 普段から投資先企業やその関連業界の情報を幅広く集め、株価の変動に関係なく、将来を予想し続ける姿勢が重要である。

株式市場を「大きな鍋」に見立てる

- 個別に企業を分析して評価する長期投資家は少数派。そのため、短期的には、株価は理不尽な動きを繰り返す。
- 一方で、時価総額ベースで見ると、長期投資家が圧倒的多数派。そのため、長期的には株価は合理的な価格を形成する。
- 水面の揺れと蛇口の水とを分けて考えるように、短期的な値動きと長期的な値動きを切り離して考えると良い。

⑤長期投資は「バイ」ですべてが決まる

理想的な企業を探し続ける

●割安な株もいつかきっと適正価格まで上昇する前提で投資する。

●しかし、すべての銘柄が適正価格に上昇すると考えない。将来の成長が期待できる銘柄に絞る必要がある。

●大きな社会変動がない限り、今後3年以上の業績拡大が期待でき、しかもその先の成長に対しても何らかの手を打っている企業を探す。

●初心者は時価総額500億円以下の中小型株の中から有望株を探したほうが勉強になる。

大化け株の探し方

●成長株は3つに細分化される。純粋な成長株、再成長株、業績回復株だ。

●純粋な成長株を安く買うには、不人気ジャンルか、暴落局面か、あるいはその両方を狙う。
●大暴落局面では、「良い株ほどよく下がる」という不思議なビッグチャンスが訪れる。

成熟企業の変化に注目

●株式市場が安定期に入ると、純粋な成長株を割安に買うチャンスは皆無になる。
●そこで、これまではパッとしなかったが、新しい時流に乗って業績を急拡大させている再成長株を丹念に探したい。
●社名とブランド名が一致しない中小型株は思わぬ低水準に放置されることがある。

V字回復を狙う

●混乱している実力企業を見つけたら、その中から再興の動きを探すことで業績回復株を見つけることができる。
●まずは、倒産リスクを確認するために財務分析をし、特にキャッシュフローや借入を注視する。

●商品が売れるかどうかで未来は決まる。しかし、未来に関してデータは存在しない。結局のところ、最後はあなたの直感に頼らざるを得ないが、それが正しい可能性は低くない。

景気に関係なくひたすら保有する前提で買う

●景気の影響を受けやすいシクリカルグロース株とその反対のディフェンシブグロース株という分類の仕方を知っておこう。

●ただし、好況も不況も毎回同じパターンが繰り返されているわけではない。ディフェンシブと思われる銘柄の一群が不況下で下落することも、シクリカルと思われる銘柄の一群が不況時に上がることもある。

●結局のところ、その会社の実力に対して株価が大幅に割安なら買い。大幅に割高なら売りというスタンスで構わない。

補足解説
01
初心者のためのPER入門
『〝普通の人〟でも株で1億円！　エナフン流VE投資法』より

ＰＥＲは、株価がＥＰＳ（1株当たり当期純利益）の何倍に当たるかを表す指標である。その企業に対する成長期待や市場からの評価といった人々の期待の大きさを表す。成長期待や評価が高い会社はＰＥＲが高くなる。

例えばトヨタ自動車の２０１８年３月期のＥＰＳは８４２円だった。これに対し、同社の２０１９年１月４日終値は６３４６円だった。ＰＥＲ＝６３４６円÷８４２円＝７・53倍ということになる。

この数字が30倍とか１００倍とか大きければ大きいほど割高であり、８倍とか５倍とか小さければ小さいほど割安と言われている。

なお、ＰＥＲの意味合いとしては、「株式時価総額が当期純利益の何倍にあたるか」を示す指標とも言える。図表25のＰＥＲ計算式の株価、ＥＰＳにそれぞれ発行

図表25　PER (Price Earnings Ratio、株価収益率)

PERとは、株価がEPS（1株当たり当期純利益）の何倍に当たるかを表す指標

PER＝株価÷EPS（1株当たり当期純利益）

例えばトヨタ自動車の2018年3月期のEPSは842円だった。これに対し、同社の2019年1月4日終値は6,346円だった。この時点でのトヨタ自動車のPERは、6,346円÷842円＝7.53倍ということになる。

この数字が30倍とか100倍とか大きければ大きいほど割高であり、8倍とか5倍とか小さければ小さいほど割安と言われている。

済株数を掛けると、株式時価総額、当期純利益になり、計算結果は同じ数値になる。

PERの正解は誰にも分からない

2019年1月4日、東証1部に上場するすべての企業のPER平均（単純平均）は15・4倍だった。ということは、その時点でトヨタ自動車のPERは東証1部平均のPERをはるかに下回っている。なぜ、トヨタ株と上場企業全体の間にPERの大差がついたのか？

これについてはトヨタ株の個別事情が反映されている。通常、PERに差がつく理由は、将来に対する長期的な見方、つまり将来性が反映されているからだ。今は自動車が売れているが、景気後退局面が来れば、売れ行きが落ち込むはずだ。だからその分は割り引いて評価しなければいけない。さらに自動運転や電気自動車の普及が進めば、これまでのトヨタの強みが活かせなくなるかもしれない。今までのように世界市場で勝ち続けるのは難しいのではないか？　そんな長期的かつ悲観的な見方がPERを押し下げる。

図表26は2019年1月時点の業種別実績PERである。これを見ると、建設や

図表26　業種別実績PER（2019年1月時点）

総合	15.4（倍）
建設業	9.9
食料品	18.5
化学	14.6
医薬品	23.6
石油・石炭製品	5.5
鉄鋼	9.9
機械	13.6
電気機器	19.7
輸送用機器	11.2
精密機器	15.4
電気・ガス	14.3
陸運	16.8
空運	10.1
情報・通信	23.3
卸売	11.9
小売	22.4
銀行	8.9
保険	13.3
不動産	10.1
サービス	20.9

石油・石炭、鉄鋼、銀行などのPERが10倍を切っている。国内人口減少や業界の大変動、あるいは環境意識の高まりなどを背景に、成長が期待できない、もしくはリスクが高いと判断されているのだろう。一方、需要が安定している食料品や医薬品、小売などはリスクが低いと判断され、PERは高い。また、電気機器や情報・通信については、おそらくリスクというよりも成長性が強く反映されているのだろう。PERは20倍前後と高い評価を受けている。

しかし、第2章の2－1でも述べたが、PERの正解は誰にも分からない。投資家の期待が高まったり期待が薄れたりする。図表26のように、過去の実績から、「この業種のPERはこのくらい」と計算することは可能だが、実際には個々の企業によって成長期待などに差があるので、こうした業界平均が正解とは限らない。

時々、業種内でのPER比較だけをして、「私の投資先は情報通信業なのにPERは10倍と割安だ」とか「建設業なのにPERは20倍で割高だ」などと単純比較する人を見かけるが、情報通信業でも経営やビジネスモデルが悪く、苦戦が予想されるケースもあるし、建設業といえども、最新のテクノロジーや人々の行動変容をいち早く事業に取り入れ、急成長を遂げるケースもある。

重要なことは、個々の企業のリスクや成長といった将来性である。

ただ、業界特有の共通のリスクが存在するのは事実だ。新型コロナウイルスの蔓延により、旅行業や空運業は経営スタイルの差に関係なく、直撃をくらった。業界特有の要因は考慮に入れながらも、さらに個別企業の実力を推し量る力が必要になる。

PERにはいくつか種類がある

皆さんが投資情報として目にするPERは、大きく分けて2種類ある。

1つは、株価を直前の決算期に稼ぎ出した1株当たり当期純利益の実績値（実績EPS）で割って求めるもの。これを実績PERと言う。

もう1つは、その会社が現在進行中の決算期（今期）に稼ぎ出すと予想される1株当たり当期純利益（予想EPS）で割って求めるもの。これを予想PERと言う。

株式投資家は常に、過去よりも、未来を見ながら、妥当な株価の算定に明け暮れている。そのため株価が割安かどうかの判定によく使われるのは予想PERである。

そして予想PERは、予想者によって、さらに大きく2つに分類できる。まとめると、以下の通りである。

実績PER：直近決算の実績EPSをもとに計算

予想PER：現在や将来の決算期に稼ぎ出す予想EPSをもとに計算。予想者によって以下に分類される

①会社予想PER　：その会社の今期決算の予想EPSをもとに計算

②専門家予想PER：証券アナリストなどの専門家が予想したEPSをもとに計算

①会社予想PERだが、これは上場企業の大半が、決算発表時やその前後に今期の売上や利益などの予想値を開示するので、その会社予想EPSを根拠に算出するPERである。

会社予想EPSの的中率は高いのか？と言われると、正直のところ、そうともい

えない。理由は少なくとも2つある。1つには、その会社の経営陣が株主などのステークホルダーに忖度して、控えめ、あるいは強気の数字を出すというバイアスがかかるから。もう1つには、そもそも経営陣ですら自社の1年後の業績を予想するのは非常に難しいから。

②専門家予想PERだが、これは証券会社や資産運用会社などのアナリストが当該企業の忖度バイアスなどを修正し、日々変動する為替や景気などをリアルタイムに反映することで、より現実に即して予想したPERである。

しかし、専門家は専門家でその立場上のバイアスがかかる。まず、アナリストと呼ばれる専門家の多くは銀行や証券会社といった金融グループに所属している。そのため、グループ会社の意向を忖度せざるを得ない。証券会社である親会社が株式市場を盛り上げようと尽力している最中に、ネガティブなレポートは出しにくいだろう。また、親会社の重要な取引先や保有株についても同様の忖度が必要となる事情が存在する。

もう1つの注意点は、アナリストの本気度や力量に数字が左右される点にある。

専門家集団といっても、４０００社近い国内上場企業のすべてを全力で分析するのはコストがかかりすぎる。投資信託の中には時価総額の小さすぎる企業の株は買わない方針を打ち出しているケースも多い。そういう企業の株をわざわざ調べてレポートを公表する動機は薄い。

結局のところ、プロの予想だからといってその数字を鵜呑みにするわけにはいかないし、そもそもプロからまともに評価してもらえない企業も存在する。

企業分析の力がついてくれば、予想ＰＥＲを自分自身で算出することができるだろう。プロが相手にしないような、あるいは、いかにも忖度バイアスがかかっていそうな小型株や不人気株の中から、堅実で成長性の高い企業を探し出し、あなたならではの予想のもとに、今年度と言わず、来年度、再来年度までの業績を予想し直し、そのＥＰＳを根拠にＰＥＲをはじき出すのである。その数字が平均と比べて著しく割安な場合に投資を実行する。これが本来のバリュー投資である。

図表27　PERの分類

実績PER：

直前期の実績EPSをもとに計算

予想PER：

今後の決算期の予想EPSをもとに計算。予想者によって以下に分類される

①会社予想PER：その会社の今期予想EPSをもとに計算
②専門家予想PER：専門家が予想したEPSをもとに計算
③あなた予想PER：あなたが予想したEPSをもとに計算

補足解説

02

エナフン流VE投資法のポイント

『〝普通の人〟でも株で1億円！　エナフン流VE投資法』より

①VE投資の考え方

・企業の本質的価値は2つの因子から決まる。1つは「将来性を加味したあるべきPER」で、もう1つは「実力値ベースの予想EPS」だ。

・あなたがやるべきは、売上とコストに関する情報を集め、たまたま今期売却した土地の収益だとか、たまたま発生した地震による損失だとか、あるいは例年この企業が出す予想EPSは控えめなのか強気なのかといったバイアスなど、この企業が本来持つ長期的な実力とは無関係なノイズを除去し、あなたが考える限り正確な、実力値ベースの予想EPSを算出すること。それと、ビジネスの仕組みや販売商

図表28　本質的価値を決める2つの因子

実力値ベースの予想EPS

売却した土地の収益や地震による損失など一時的な損益要因、例年この企業が出す予想EPSは控えめなのか強気なのかといったバイアスなど、この企業が本来持つ長期的な実力とは無関係なノイズを除去し、あなたが考える限り正確な、実力値ベースの予想EPSを算出する

あるべきPER

もし膨大な人々の適切な評価を受ければ、妥当だと判定されるであろう、将来性を加味した評価水準。ビジネスの仕組みや販売商品の特性、市場の大きさや経営者の目指す方向性などから、売上やコストが今後どう変化しそうか、あなたなりに将来性を予想し、それに見合った適切なPERをはじき出す

株価＝PER×EPSなので、
この2つの因子の掛け算で株価上昇の可能性がある

品の特性、市場の大きさや経営者の目指す方向性などから、売上やコストが今後どう変化しそうか、あなたなりに将来性を予想し、それに見合った適切なPERをはじき出すことである。

・あなたが算出した「あるべきPER」と「実力値ベースの予想EPS」が高ければ、株価はその掛け算となって大きく上昇する可能性がある。

・企業ごとに複雑な事情があり、この業種ならPER13倍が妥当などと決めつけてはいけない。1つ1つ丁寧に評価していくしか方法はないのだ。

・成長株を分析する際、最も重要なのはその成長構造を知ることだ。そして、販売拠点の拡大くらい当てになる成長構造は他にない。世界の均一化・同質化はこうして進むのである。

②VE投資の狙い目

・株式市場の大暴落は良い株を安く買う大チャンスである。相場は連動するが、業績は連動しない。本来、1つ1つ企業には異なる顔があり、多様性に満ちているのだが、最近はそのような多様性を無視する傾向が強まっている。多くの投資家は個性の違いを無視し、すべての銘柄をひとまとめに売買する。

・図表29のチャートはコロナショックが発生した2020年1月～2020年6月末までのホンダ、塩野義製薬、鹿島、ソニーの6か月チャートである。もし社名を隠したなら、あなたは、どれがホンダで、どれが塩野義製薬か、言い当てることができないだろう。これが連動である。

・しかし、5年とか10年といった長い期間で見比べると、違う企業のチャートは瓜二つにはならない。秩序が戻ると、連動が次第に外れ、個性が表れるのである。図表30は図表29と同じ4銘柄の過去10年のチャートである。

図表29　ホンダ、塩野義製薬、鹿島、ソニーの6か月チャート

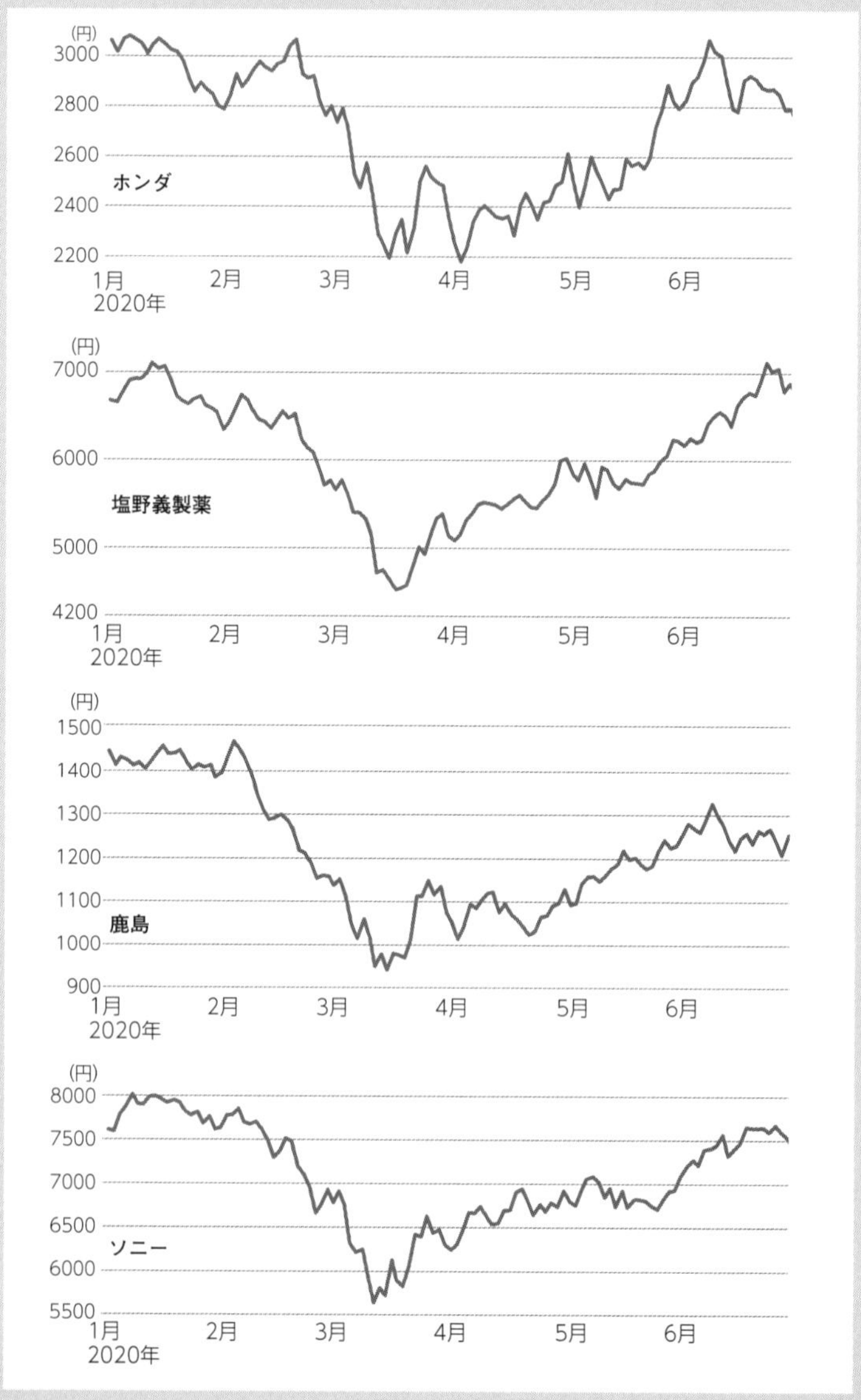

図表30　ホンダ、塩野義製薬、鹿島、ソニーの10年チャート

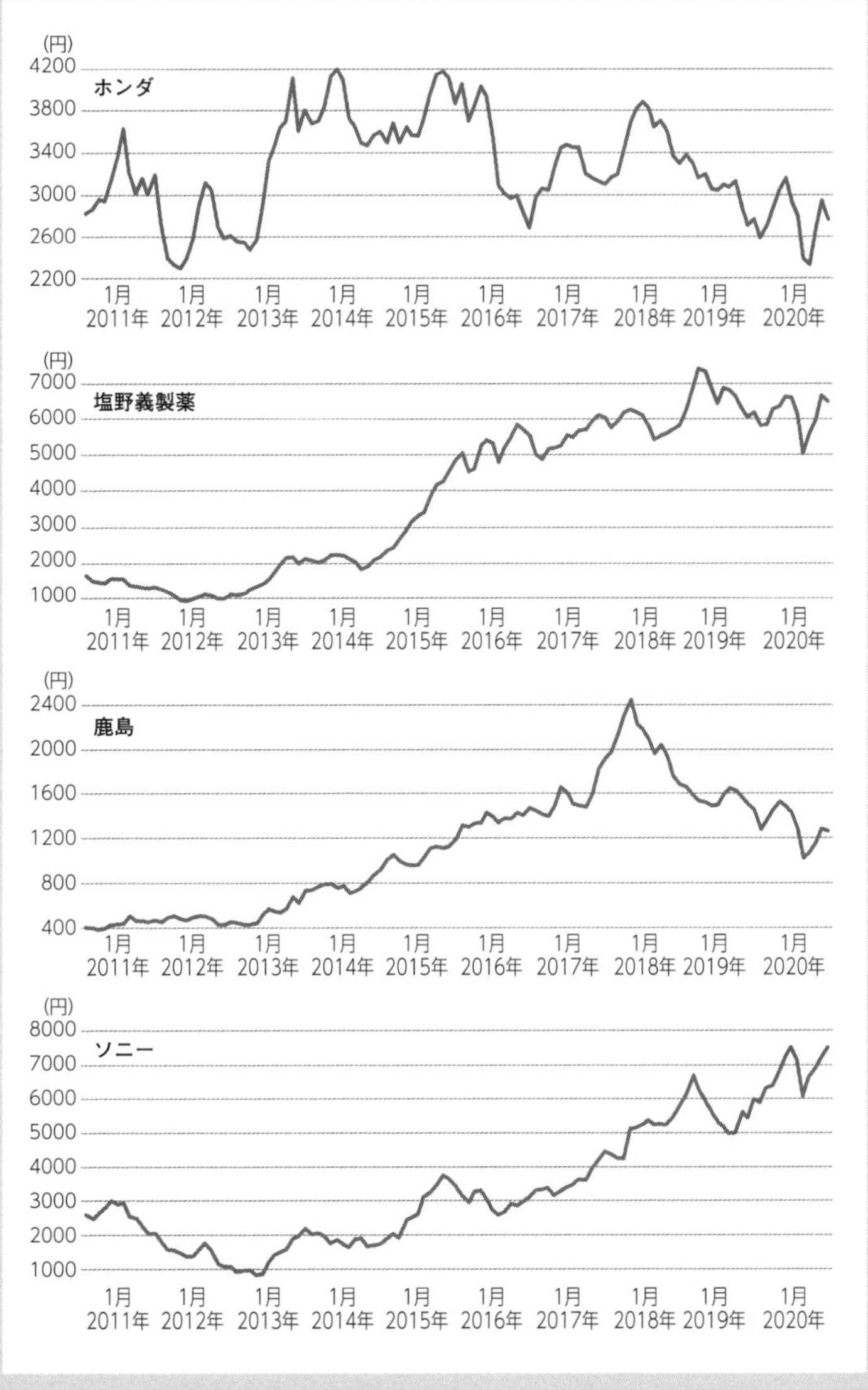

・バリュー投資の祖であるベンジャミン・グレアムは言う。「市場は、短期的には人気投票の結果を表示するが、長期的には価値を評価する仕組みである」。

・「ドラマチックすぎる世界の見方」くらい、市場の反応を適切に言い表す言葉はない。昨日まで不人気の冴えない株が、たまたま、新技術なのか、新潮流なのか、とにかく、人々の注目を集める新たな変化の対象となった時、市場はドラマチックすぎる筋書きを用意し、株価も連続でストップ高になるなど、ドラマチックすぎる反応を見せる。

しかし当然、企業の業績はそのように極端に好転するものでもなければ、不確実性も多分にはらむため、話題性が失われるとともに株価も下がる運命にある。

・一方で、変化の中には、市場はまるで話題にしないが、着実に企業業績にプラスの影響を与えるケースもある。ありきたりで、時間がかかる変化に対しては、株式市場は大した反応を見せない。ドラマチックを求める人々には退屈すぎるのだ。しかし、退屈で着実な変化こそが、ＶＥ投資が求める重要な変化なのである。

図表31　バリュー原理：「市場は間違う」という観点で攻める

(1) 株価は連動する。業績は連動しない
→個別株の違いを無視する投資家の売りで生じる「鋭く深い谷」はチャンス

(2) 本質的価値と人気の不一致
→短期トレーダーが引き起こす行き過ぎた下向きの短期変動があれば、そこに本質的価値と株価の乖離を見出す

(3) 市場は変化を過大視するか、もしくは無視する
→市場はドラマチックすぎる筋書きを用意するが、退屈で着実な変化こそが、VE投資が求める重要な変化である

(4) 一時的な業績悪化を市場が過大視する
→一口に業績悪化といっても、良い業績悪化と悪い業績悪化がある

(5) 相場操縦的な歪みが生じる
→しつこい相場操縦も3年も5年も続くことはない

(6) 株価トレンドは行き過ぎる
→「下降」「横ばい」などのトレンドがとんでもない水準まで乖離を生じさせることがあり、VE投資のチャンスとなる

(7) 流動性リスクが株価を押し下げる
→流動性リスクをあえて取る

③VE投資のための書き込みシート

慣れないうちは、選考の内容を図表32のようなシートにまとめておくとよいだろう。このメモを、恐怖と不安にかられた、かわいそうな未来の自分のために残しておくのである。保有し続けるべきか、売るべきか、重大な決断を迫られたあなたはこれを見て、きっと大切なことを思い出すだろう。

もし、その心配事が事態の深刻な変化であり、将来の売上やコストに重大な影響を及ぼすようなら、投資ストーリーは崩れる。売りだ。諦めて他に移ろう。

もし、マーケットが動揺しているだけで、投資ストーリーには何ら問題がないなら、ホールド（保有継続）だ。むしろ買い増しを検討してもよい。まさにその瞬間こそが、VE投資における「EPS↑株価↓」の状態だからだ。

もちろん、自分が立てた投資ストーリーが大きく間違っていることもある。つまり、あなたの実力も、このシートが教えてくれる。コツコツと書き残していくことで、次第に勝率向上が図れるだろう。

図表32　投資ストーリーのメモ（MCJ株の例）

企業名	MCJ	証券コード	6670
1次選考（2020.1.10）		2次選考（2020.3.25）	
EPS傾向	↑	将来性	かなり明るい
四季報予想EPS	82.6円	実力値ベースの予想EPS	100円以上
株価傾向（長期）	→	株価傾向（短期）	↑
株価	820円	株価	600円
予想PER	9.9倍	あなた予想PER	6倍
PBR	1.9倍	あるべきPER	18.0倍
投資アイデア		投資ストーリー	
・最近CMもよく見かけるようになったマウスコンピュータが主力。コスト競争力あり。 ・パソコンの製造販売というと米国デルコンピュータの成長期を思い出す。 ・業績拡大に株価上昇が追いついておらず、バリューは拡大傾向。 ・2021年3月期は、昨年のウインドウズ7のサポート終了の反動が出る恐れあり。		台風被災などの一時的要因を差し引き、リモートワーク拡大の好影響を勘案すると、実力値ベースの予想EPSは100円以上はある。 ただ、同社は収益が大きいと、広告宣伝費を拡大し、利益を抑える傾向があるので注意。長期的には、パソコンはやや耐久性が高く、景気変動の影響を受けやすい。為替の影響もあり、その分は割り引く必要あり。あるべきPERは18倍程度か。 目標株価＝実力値ベースの予想EPS100円×あるべきPER18倍＝1800円。600円で買えば3倍高が狙える。	

補足解説
03

ピーター・リンチに倣った投資法のフレームワーク

『〝普通の人〟だから勝てる エナフン流株式投資術』より

2007年のことである。私はそれ以前の4年間に株式投資で財産を3倍に増やすことができたのだが、「やり方次第ではもっと増やせたのではないか」という思いを強くしていた。なぜだろうか。

それまでの私の投資スタイルはというと、デイトレードやスイングトレードといった、今と比べるとかなり短期的なものだった。当時は短期トレードが大流行。株の雑誌やネットでも短期トレードの手法が幅広く紹介され、それ以外の投資法は時代遅れとでも言わんばかりの状況だった。

ところがある時、自分が売買した銘柄のその後をチェックしてみた。すると驚いたことに、実際はその4年間に短期で売らずにただじっと持っていさえすれば、最初の買値から5倍や10倍に上がったものが大半を占めていた。何もしなければ5倍高や10倍高になった株を何らかの理由を付けて細切れに売買した結果、財産を3倍にしか増やせなかったわけだ。「これまでの努力は何だったんだ！」。私は自分の投資法に対して大いに疑問を感じざるを得なかった。

「自分は企業を分析して投資するスタイルなので、短期トレードよりも長期投資の方が向いているのではないか」「会社勤めをしながらの短期トレードは根本的に不利ではないか」「何度も絶望と有頂天を味わいながらギリギリの勝負を続けてきたが、長期的に見ると、それらは取るに足らない小さな変化だったのではないか」……。

この時、以前図書館で借りて目を通し印象に残っていたある本のことを思い出した。米資産運用会社のフィデリティで活躍した伝説のファンドマネジャー、ピーター・リンチの著書『ピーター・リンチの株で勝つ』（ダイヤモンド社）だ。早速、アマゾン・ドット・コムで購入し、改めてこの本を読み進んでいくと、自分の投資法を振り返って抱いた疑問が確信に変わり、読み終えた時に「次はリンチの投資スタイルで行こう」と決心した。

リンチに倣った投資法の肝は、「成長が期待できる企業をひたすら探し出して割安さを加味して購入しさえすれば、あとはただじっとしているだけで、アマチュアでも大いに勝てる」という点だ。

いくつかのポイントを押さえてアマチュアの個人投資家ならではの投資戦略を構築できれば、プロ相手にも十分に戦える。私は「投資初心者でも自分で銘柄選びができるように」という思いから「つ・な・げ・よ・う分析」というフレームワークを考案した。

❶強みを知れ　自分ならではの強みを理解する
❷流れを知れ　複雑な株価の流れを理解する
❸原理を知れ　株価が決定する原理原則を理解する
❹弱みを知れ　個人投資家や人間ならではの弱みを理解する
❺ウラを取れ　決算書や会社資料で必ずウラを取る

❶強みを知れ

私は会社員を続けながら株式投資をしているが、「会社を辞めて株式投資に専念した方がもっと儲かるのでは」と思う読者もいるかもしれない。私は必ずしもそうとは思わない。ある業界のプロとして、ビジネスに精通しながら株式投資をする方が何かと有利な面があるからだ。

今どきのビジネスパーソンなら、嫌でも会計やビジネスの勉強をしないといけないが、この点はそのまま生かせる。第一線で生の情報と接し続けられる点も有利に働く。出張をすれば、ビジネスホテルや航空会社も投資の対象に入ってくる。普段の仕事で何気なく使っている情報を統合して応用すれば、ビジネスパーソンならではの投資スタイルを確立できるのだ。

株というと、「何か遠い世界の企業の株を買わないとダメ」と思い込んでいる人がいるが、そんなことはない。身近な企業の株ほど、兼業の個人投資家には有利という面がある。身近な企業やビジネスの知識を応用して投資するという発想こそが、ピーター・リンチ流長期投資法の根幹とも言えるのだ。

私はユーザーとして満足のいく体験をした時、必ずその会社のことを調べることにしている。大化け株は大抵とても身近な所に潜んでいるからだ。

あなたが働いている業界で、格下でありながら急成長している嫌なライバル企業があれば、かなりの有望株といえる。業界に精通しているあなたが「嫌だ」と感じることこそ、その企業が優れている証拠だ。「業界の秩序を乱す」などと文句を言う前に、その株を買い、ビジネスモデルの研究でもした方が、あなたの仕事にも有益だろう。

❷流れを知れ

長期的に株価を変動させる❶企業の成長❷相場との連動❸評価水準の変化——の3つの大きな流れはすべての銘柄に影響を与えている。そこで重要なのは「自分がどの流れに着目してその株を売買しようとしているのか」を自覚することだ。そこを見失うと投資に首尾一貫性がなくなり、保有すべき株を売却したり、売るべき株を保有し続けたりといった悲劇を招く。

3つの流れのうち、企業の成長（業績伸長）に伴う株価の上昇を狙うなら「成長株投資（グロース投資）」、相場との連動による値上がりを拾う場合は「循環株投資

図表33　3つの流れで異なる投資スタイル

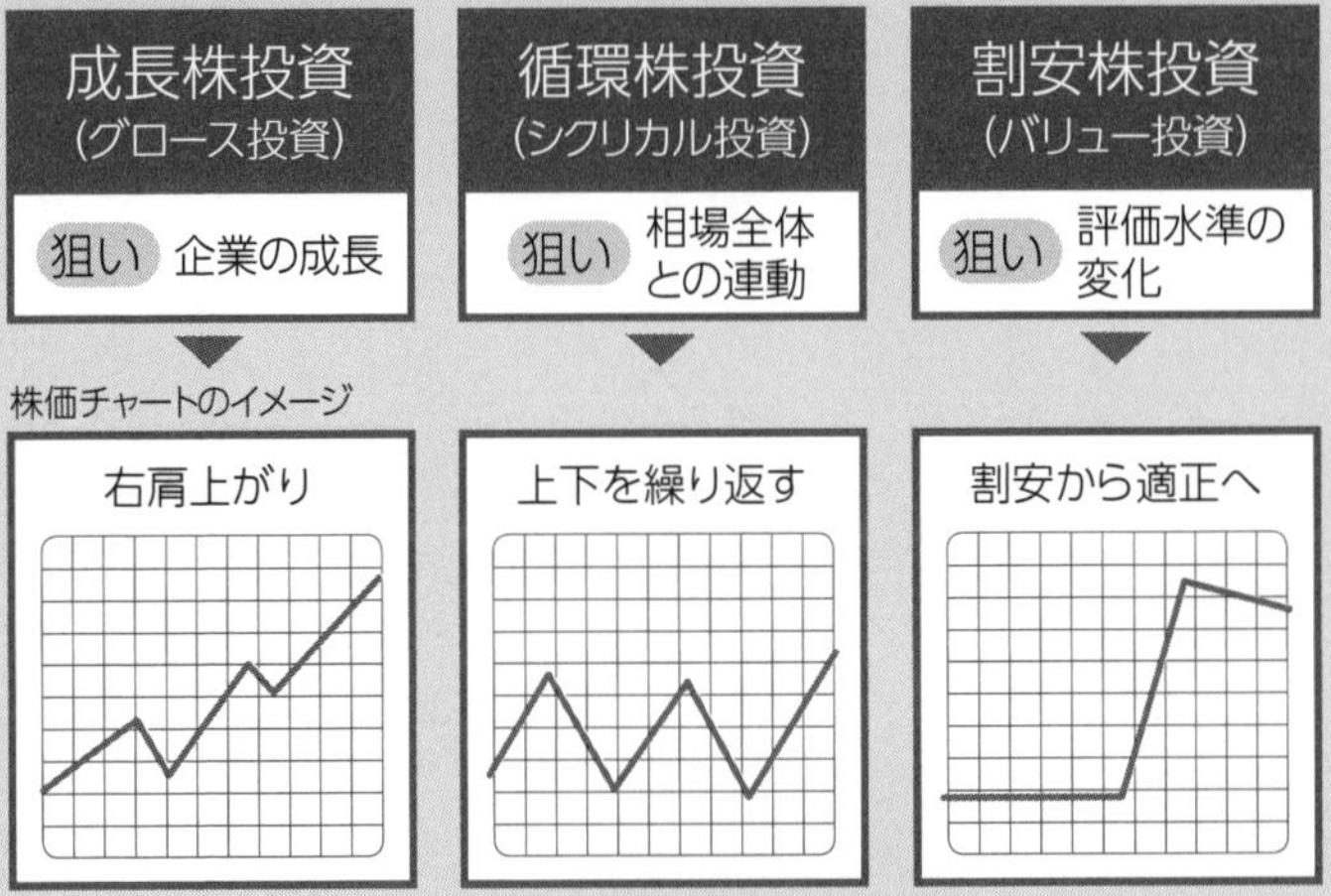

長期的に株価を変動させる❶企業の成長❷相場との連動❸評価水準の変化——の3つの大きな流れはすべての銘柄に影響を与えている。そこで重要なのは「自分がどの流れに着目してその株を売買しようとしているのか」を自覚することだ。

企業の成長に伴う株価の上昇を狙うなら「成長株投資（グロース投資）」、相場との連動による値上がりを拾う場合は「循環株投資（シクリカル投資）」、市場による株価の評価水準の是正に着目すれば「割安株投資（バリュー投資）」と呼ばれる投資スタイルをそれぞれ取ることになる。

（シクリカル投資）」、市場による株価の評価水準の是正に着目すれば「割安株投資（バリュー投資）」と呼ばれる投資スタイルをそれぞれ取ることになる。

私の場合は成長株投資と割安株投資の2つを組み合わせ、成長株を割安な価格で購入して、株価の是正と企業の成長に伴う値上がりの両方を狙う投資スタイルを主体としている。

❸原理を知れ

株価は通常、❶近未来の業績❷リスク❸金利水準――の3つの要因で変動する。成長株といえども、相場の停滞期には連動する。相場の下落に逆らって逆行高を続ける成長株は非常に少ない。また上昇期に急騰した分、株価の下落幅は大きくなりやすい。多くの個人投資家はここで保有株を手放すという判断に至る。

その際に「次の上昇期が始まる前に買い戻せばいい。それまで別の銘柄でひと儲けしよう」という思惑が働くこともあるだろう。しかし相場の低迷期には他の銘柄も下がるので、乗り換えても株価の下落に伴う損失を避けるのは難しい。さらに、次の上昇期が始まる前に買い戻すといっても、それがいつ来るかは誰にも分からな

図表34　外部環境の変化が3つの原理を通じて株価を左右する例

外部環境	原理1（業績）	原理2（リスク）	原理3（金利）	総合判断
急激な円高（輸出企業）	為替差損⬇ 国際競争力低下⬇	リスク増大⬇	金利低下⬆	⬇
政治の安定	経済政策に期待⬆	政治リスク低下⬆	――	⬆
金融緩和	金利負担低下⬆	――	金利低下⬆	⬆
景気拡大	業績拡大⬆⬆	――	金利上昇⬇	⬆
戦争勃発	（企業によって影響は異なる）	リスク増大⬇	――	⬇

注：⬆と⬇は株価の上昇と下落を表す

株価は通常、❶近未来の業績❷リスク❸金利水準――の3つの要因で変動する。成長株といえども、相場の停滞期には連動する。相場の下落に逆らって逆行高を続ける成長株は非常に少ない。また上昇期に急騰した分、株価の下落幅は大きくなりやすい。

多くの個人投資家はここで保有株を手放すという判断に至り、「あの時、あの株を持ち続けておけば大儲けできたのに」と後悔することになる。リンチはこのような行為を「花を引き抜いて雑草に水をやる」と表現し、素晴らしい成長株を見つけたら簡単には手放してはならないと諭している。

い。

結局、買い戻し損ねて、「あの時、あの株を持ち続けておけば大儲けできたのに」と後悔することになる。リンチはこのような行為を「花を引き抜いて雑草に水をやる」と表現し、素晴らしい成長株を見つけたら簡単には手放してはならないと諭している。

❹弱みを知れ

個人投資家の弱みには大きく2種類ある。1つは自分の努力で克服可能な弱み。もう1つは克服しようのない弱みだ。例えば、「会計の知識がない」という弱みは前者に、「会社勤めをしているので、日中に株価変動をチェックすることができない」という弱みは後者に当たる。それぞれについて対応を考えてみよう。

財務・会計の知識や用語は決して難解なものではないのだが、初めて勉強する人には頭に入りにくいものである。そこで、実際に株を買ってそれを生の教材として扱うといい。まずカネがかかっているので、勉強の真剣さが増す。銘柄は自分の趣味や本業に関係する中で面白そうなものを複数買うといい。もともと関心があって事業の内容や調子などが分かるので、案外儲かる。投資する金額を少額に抑えておけば、大損して致命傷を負うこともない。趣味や本業の知識の補完にもつながり、楽しく勉強を進めることができるだろう。

ビジネスパーソンとして仕事を持っていることは、短期トレードの世界では圧倒的な弱みである。専業デイトレーダーやプロの証券トレーダーとの情報格差は圧倒的である。仮にその情報格差を埋めることができたとしても、仕事中に堂々と株の売買はできないので、投資タイミングがすべてを決する短期トレードでは、太刀打ちできない。

しかし、「強みを知れ」で述べたように、成長株投資なら、ビジネスパーソンとして仕事をしていることはむしろ強みになる。長期の企業成長に賭けるなら、日々の株価変動はほとんど雑音にすぎない。短期トレードでは圧倒的な不利をもたらした「仕事中に株価を見られない」という弱みを、「仕事中は株価を見なくて済む」という強みに変えることができる。

「自分にはどういう克服困難な弱みがあるのか」「その弱みを回避するためにどの流れにフォーカスしてどのような投資スタイルを取るべきか」。読者の皆さんもこの2つの問いを一度冷静に熟考してみてはいかがだろうか。

❺ウラを取れ

株式投資で儲けたいなら、企業の表面的なイメージに引っ張られてはならない。企業全体をバランスよくつかむ力を身に付けることが求められる。

ここで、私のブログのタイトルにも使用している「梨の木」を中央に据えたイラスト（図表35）をご覧いただきたい。梨の木を登場させたのは、複雑に見える企業という存在をなじみのあるものに置き換えて説明すると理解がしやすくなるからだ。

かつては小さかった梨の苗木が厳しい自然環境の中で成長して、今は大木となって多くの梨の実を育んでいる。その姿が象徴するのは、小さなベンチャーから大企業へと成長した会社だ。厳しい事業環境の中で競争を勝ち抜いて規模を拡大してきた。そして上場を果たして、多くの商品やサービスを世の中に広く提供するようになった成長過程も想起させる。同時に、企業を分析するために必要な5つのポイントも描かれている。順に見ていこう。

図表35　企業の概観を俯瞰する5つのポイントを理解するための「梨の木」の絵

ポイント❶成長性　❷健全性

「この梨の木は成長しているのか？」「健康な状態を維持できているか？」を知るには、過去の決算資料から売上高や利益などの業績のデータを拾い出し、経年の変化を調べる作業をしなければならない。私の場合は、東洋経済新報社の『会社四季報』に掲載された過去3期分の実績と今後2期分の予想の数字を最初に確認する。そして気になった企業があれば、その会社の公式ウェブサイトで決算書類や決算説明資料を手に入れて、さらに過去に遡ってデータを拾い、詳しく比較分析する。

ポイント❸企業の商品・サービス

いくら木が健康に成長していても、梨の実がまずかったら、「この梨の木を買おう」とは思わないだろう。梨の形や味を確かめるには、実際に手に取って食べる必要がある。企業の場合も、商品やサービスを利用して、使い勝手などを実際に体験することが求められる。

ポイント❹企業の外部要因

風当たりの弱い肥沃な土地で育つ木と風当たりの強い痩せた土地で育つ木とでは、ずいぶんと生育状況が異なる。せっかくできた梨の実が風で落ちてしまう確率も前者の土地の方が低いだろう。

企業にとって常に変動する気象に該当するのは景気や為替、政治動向、国際情勢などだ。それらも重要だが、株式の長期投資にとってより重要なのは、どんな土地で栽培されているかだ。企業にとっての土地、すなわち、どの業界や業態に根を下ろしているのかをしっかりと見極める必要がある。

ポイント❺企業の経営者

梨の木を育てる栽培者の腕によって、梨の味は全く異なってくる。同様に、伸びる企業には必ず優れた経営者が存在する。経営者に会わなくても、事業計画や事業そのものをじっくりと見ていけば、おのずと経営者の考えは伝わってくる。つまり、栽培者の顔を眺めるのではなく、防風林や土壌を確認し、実際に梨を食べることで、経営者を知ることができるのである。

奥山月仁（おくやま・つきと、ハンドルネーム）

会社員投資家。高校2年から株式投資を始め、投資歴は約30年。大阪大学経済学部に入学し、故・蝋山昌一教授のゼミで証券理論を学ぶ。卒業後、大手企業の社員として堅実なサラリーマン生活を営むかたわら、ピーター・リンチに倣い、成長株に中長期で投資し、数億円の資産を築く。2008年5月からは、株式投資の正しい知識を広める目的で、ブログ「エナフンさんの梨の木」の執筆を続ける。同ブログを立ち上げるとともに、自らの投資内容をブログで公開するための口座を資金100万円で新たに開設し、バイ＆ホールドでの運用を開始。13年後の2021年9月6日現在、その口座の運用金額は2842万円を突破した。著書に『"普通の人"だから勝てる エナフン流株式投資術』『"普通の人"でも株で1億円！　エナフン流VE(バリューエンジニアリング)投資法』（(日経BP）などがある。

割安成長株で勝つ
エナフン流バイ&ホールド

2021年11月22日　第1版第1刷発行
2021年12月6日　第1版第2刷発行

著　者　　奥山月仁
発行者　　村上広樹
発　行　　日経BP
発　売　　日経BPマーケティング
〒105-8308　東京都港区虎ノ門4-3-12
https://www.nikkeibp.co.jp/books/
装　丁　　上坊菜々子
イラスト　　小林弥生
制　作　　朝日メディアインターナショナル
編　集　　長崎隆司
印刷・製本　　中央精版印刷

本書籍に関するお問い合わせ、ご連絡は下記にて承ります。
https://nkbp.jp/booksQA

Printed in Japan
ISBN978-4-296-00046-3